易學典籍選刊

易圖明辨

〔清〕胡渭 撰
鄭萬耕 點校

中華書局

圖書在版編目(CIP)數據

易圖明辨/(清)胡渭撰.—北京:中華書局,2008.2
(2025.8 重印)
(易學典籍選刊)
ISBN 978-7-101-02740-2

Ⅰ.易… Ⅱ.胡… Ⅲ.周易-圖解 Ⅳ.B221.5-64

中國版本圖書館 CIP 數據核字(2008)第 007299 號

封面題簽:劉宗漢
封面設計:王銘基
責任印製:管 斌

易學典籍選刊
易 圖 明 辨
〔清〕胡 渭 撰
鄭萬耕 點校
*
中 華 書 局 出 版 發 行
(北京市豐臺區太平橋西里 38 號 100073)
http://www.zhbc.com.cn
E-mail:zhbc@zhbc.com.cn
三河市鑫金馬印裝有限公司印刷
*
850×1168 毫米 1/32 · 8¾印張 · 2 插頁 · 154 千字
2008 年 2 月第 1 版 2025 年 8 月第 7 次印刷
印數:9701-10600 册 定價:38.00 元

ISBN 978-7-101-02740-2

目録

點校説明

胡渭(一六三三——一七一四年),初名渭生,字朏明,德清人。年十五爲縣學生,入太學,篤志經義,尤精輿地之學。曾參與編修一統志,著禹貢錐指二十卷,圖四十七篇。又撰易圖明辨、洪範正論、大學翼真等書,論辨前人之偏頗,俱有功於經學。

易圖明辨十卷,乃專爲辨定河圖、洛書而作。宋初,華山道士陳摶推闡易理,衍爲諸圖,傳者務神其説,遂歸其圖於伏羲,謂易由圖而作。又因繫辭「河圖」、「洛書」之文,取大衍之數作五十五點之圖,以當河圖;取乾鑿度太乙行九宫法,造四十五點之圖,以當洛書。傳者益神其説,又真以爲龍馬神龜之所負,謂伏羲由此而有先天之圖。朱熹周易本義及易學啟蒙前九圖皆沿其説。同時袁樞、薛季宣皆有異論。元陳應潤作爻變義藴,始指諸圖爲道家假借。吴澄、歸有光諸人亦相繼排擊,毛奇齡、黄宗羲爭之尤力。然皆各據所見抵其罅隙,尚未能窮溯本末,一一抉所從來。胡渭則於河圖、洛書、五行、九宫、周易參同契、先天太極、龍圖、易數鉤隱圖、啟蒙圖書、先天古易、後天之學、卦變諸説,象數流弊,皆引據舊文,互相參證,以箝依託之口。使學者知圖、書之説,乃修鍊、術數二家旁分易學之支流,非作易之根柢,頗有功於易學。

此次點校，以文淵閣四庫全書本（簡稱四庫本）爲底本，用皇清經解續編本（簡稱經解本）、粤雅堂叢書本（簡稱粤雅堂本）、守山閣叢書本參校。校勘中凡改正錯謬，删减衍文，增補之句，均出注予以説明。一般筆誤、形誤、避諱之字，以及不常見的異體字，圖表中之錯謬，則隨手改正，不再予以説明。胡氏此書所徵引之古籍達一百餘種之多。其中有原文照録者，有概述其意者，有原文概述攙雜者，有中間删略者，有偶爾脱落一二文字者，等等，情况較爲複雜。此次點校，引文均用引號標出，以清眉目。引文中脱誤之文字，除個别與理解文義關係重大者，補正並出注説明外，一般不作校補。對引文中由於作者所用版本而造成與通行本之不同，則一律仍舊。書後擇要附録了有關文獻，以備參攷。

整理易學古籍，是一件很有意義而又十分艱難的工作。由於才力和學識的限制，錯謬疏漏，實所多有，懇切希望專家師友和讀者同志們不吝賜教。

鄭萬耕

一九八九年六月

易圖明辨題辭

古者有書必有圖，圖以佐書之所不能盡也。凡天文地理，鳥獸草木，宮室車旗，服飾器用，世系位著之類，非圖則無以示隱賾之形，明古今之制，故詩、書、禮、樂、春秋皆不可以無圖。唯易則無所用圖，六十四卦二體六爻之畫，即其圖矣。白黑之點，九、十之數，方圓之體，復姤之變，何爲哉？其卦之次序、方位，則乾坤三索、出震齊巽二章盡之矣。圖，可也，安得有先天、後天之別？河圖之象，自古無傳，從何擬議？洛書之文，見於洪範，奚關卦爻？五行、九宮初不爲易而設，參同契、先天太極特借易以明丹道，而後人或指爲河圖，或指爲洛書，妄矣。妄之中又有妄焉，則劉牧所宗之龍圖、蔡元定所宗之關子明易是也。此皆僞書，九、十之是非又何足校乎？故凡爲易圖以附益經之所無者，皆可廢也。就邵子四圖論之，則横圖義不可通，而圓圖别有至理，何則？以其爲丹道之所寓也。俞琰曰：「先天圖雖易道之緒餘，亦君子養生之切務。」又曰：「丹家之説雖出於易，不過依倣而託之者，初非易之本義，因作易外别傳以明之。」故吾謂：先天之圖與聖人之易，離之則雙美，合之則兩傷。伊川不列於經首，固所以尊聖人，亦所以全陳、邵也。觀吾書者，如以爲西山之戎首、紫陽之罪人，則五百年來有先我而當之者矣，吾其可末減也夫。

康熙丙戌上巳七十四叟東樵胡渭書於顒溪客舍。

易圖明辨卷一

河圖洛書

繫辭傳曰：「古者包犧氏之王天下也，仰則觀象於天，俯則觀法於地，觀鳥獸之文與地之宜，近取諸身，遠取諸物，於是始作八卦，以通神明之德，以類萬物之情。」

朱子曰：「俯仰遠近，所取不一，然不過以驗陰陽消息兩端而已。」

草廬吳氏澄曰：「氣之有文者曰象，形之有理者曰法。天有雷風日月，雷風，氣也，日月，象也，言象可以兼氣。地有水火山澤，水火，質也，山澤，形也，言形可以兼質。鳥獸之文，謂動物；地之宜，謂植物。身，就人而言；物，該服食器用而言。神明，天地之氣象形質，妙而可測，顯而可見者也。德，若健、順、動、入、陷、麗、止、説及鼓之、散之、潤之、晅之之屬。萬物，凡動、植、人、器皆是。情，猶言其意義也。」

渭按，易之爲書，八卦焉而已。卦各具三畫，上畫爲天，下畫爲地，中畫爲人，三才之道也。羲皇仰觀而得天道，俯觀而得地道，中觀於兩間之萬物而得人道。三才之道默成於心，故立八卦以象之，因而重之，遂爲六十四，所謂「兼三才而兩之」也。言八卦則六十四卦在其中矣。觀下文所舉離、益、噬嗑等，皆因重之卦可知也。夫子言羲皇作易之由，莫備於此。河圖、洛書乃仰觀俯察中之一事，後世專以圖、書爲作易之由，非也。河圖之象不傳，故周易古經及注疏未有列圖、書於其前者；有之自朱子本義始。易學啟蒙屬蔡季通起稿，見宋史儒林傳。則又首本圖書，次原卦畫，遂覺易之作全由圖、書，而舍圖、書無以見易矣。學者溺於所聞，不務觀象玩辭，而唯汲汲於圖、書，豈非易道之一厄乎？

右論伏羲作易之本，不專在圖、書。

「天一，地二；天三，地四；天五，地六；天七，地八；天九，地十。」

朱子曰：「此簡本在第十章之首。程子云：『宜在此。』今從之。此言天地之數陽奇陰偶，即所謂河圖者也。」

「天數五，地數五，五位相得而各有合。天數二十有五，地數三十。凡天地之數五十有五，此所以成變化而行鬼神也。」伊川先生曰：「變化言功，鬼神言用。」白雲郭氏曰：「變化，見於萬物者也；

鬼神，運於四時者也。」

朱子曰：「此簡本在『大衍』之後。今案，宜在此。」

平庵項氏安世曰：「姚大老云：『天一地二』至『天九地十』，班固律曆志及衛元嵩元包運蓍篇，皆在『天數五，地數五』之上。今按，新安朱先生易傳亦用此說，與『天數五』至『行鬼神也』合爲一節，置在『大衍』之首。今從之。」

渭按，卦者，易之體所以立；蓍者，易之用所以行。韓康伯云：「卦，象也；蓍，數也。蓍極數以定象，卦備象以盡數。」四語劃然分曉。蓋象中雖有數，而終以象爲主；數中亦有象，而終以數爲主。故夫子言數皆主蓍，曰「極數知來之謂占」，曰「參伍以變，錯綜其數」，曰「極其數，遂定天下之象」，曰「幽贊於神明而生蓍，參天兩地而倚數」，曰「數往者順，知來者逆，是故易逆數也」。凡此類無一不以蓍言，而此章尤爲明白。舉「天地之數」，正爲「大衍之數」張本。其曰「五位」者，即五奇五偶，非指天數之中「五」。一三五七九同爲奇，二四六八十同爲偶，是謂「五位相得」。一與二，三與四，五與六，七與八，九與十，一奇一偶，兩兩爲配，是謂「各有合」。於五行五方曷與焉？於天地生成曷與焉？於河圖、洛書又曷與焉？

又按，章中言數者三：一曰「天地之數」，二曰「大衍之數」，三曰「萬物之數」。蓋

「天地之數」爲「大衍」之法所自出，而「萬物之數」乃二篇之策適相當耳，於畫卦全無交涉。使「五位相得而各有合」，果爲伏羲所則河圖之象，夫子何難一言以明之，曰「此河圖也」，而顧廋辭隱語，使天下後世之人百端推測邪？至其後章，雖言「河圖」，而與「洛書」並舉，且與「神物」、「變化」、「垂象」比類而陳，文勢語脈遥遥隔絶，又安見此「河圖」者，即前「五十有五」之數邪？

或問：「五位以蓍法言之，其相得有合之實，亦有可見者乎？」曰：有。一變所餘之策，左一則右必三，左二則右亦二，左三則右必一，左四則右亦四，非奇與奇相得，偶與偶相得乎？二變三變所餘之策，左一則右必二，左二則右必一，左三則右必四，左四則右必三，非一奇一偶，兩兩爲配，而各有合乎？若夫一六、二七、三八、四九、五十之相合，而爲天地生成之數，水火木金之象，此後世五行家言，豈易之所有哉！

右論天地之數不得爲河圖。

「大衍之數五十，其用四十有九。」兼山郭氏曰：「凡數有母、有法、有實。蓍之母，四十九是也；蓍之法，四是也；蓍之實，三十六、二十四、二十八、三十二是也。數有是母，必有法以用之，然後得是實，三者闕一則蓍道絶矣。此聖人幽贊神明之道也。」白雲郭氏曰：「是三者之數，莫知所立之後先。謂四十九爲先乎？則非法之四，亦不用四十九矣。謂法之四爲先乎？則非三十六、二十四、二十八、三十二，亦不用法之四矣。故三者之數，一有一无，則蓍之道不立；一先一後，則蓍之用不成；惟同有同立，莫知先後。故其數一本於自然，如環之无端，雖聖人不能加毫末於是矣。

分而爲二以象兩，掛一以象三，揲之以四以象四時，歸奇於扐以象閏。五歲再閏，故再扐而後掛。朱子曰：「兩，謂天地也。掛，懸其一於左手小指之間也。三，三才也。揲，間而數之也。奇，所揲四數之餘也。扐，勒於左手中三指之兩間也。閏，積月之餘日而成月者也。五歲之間，再積日而再成月，故五歲中凡有再閏，然後別起積分；如一掛之後，左右各一揲而一扐，故五者之中凡有再扐，然後別起一掛也。」又曰：「掛一歲，右揲二歲，扐三歲，一閏也；左揲四歲，扐五歲，再閏也。」乾之策二百一十有六，坤之策百四十有四，韓氏曰：「陽爻六，一爻三十六策，六爻二百一十六策；陰爻六，一爻二十四策，六爻百四十四策。」白雲郭氏曰：「九六，天地之數也，乾坤之策也。七八，出於九六者也，六子之策也，乾坤相索而成者也。」凡三百有六十，當期之日。朱子曰：「少陰退而未極乎虛，少陽進而未極乎盈，故此獨以老陽、老陰計乾坤六爻之策數，餘可推而知也。期，周一歲也，凡三百六十五日四分日之一。此特舉成數而概言之耳。」二篇之策萬有一千五百二十，當萬物之數也。二篇，謂上下經。凡陽爻百九十二，得六千九百一十二策；陰爻百九十二，得四千六百八策，合之得此數。是故四營而成易，十有八變而成卦。四營，謂分二、掛一、揲四、歸奇也。易，變易也，謂一變也。三變成爻，十八變則成六爻也。八卦而小成。謂九變而成三畫，得内卦也。引而伸之，觸類而長之，天下之能事畢矣。」引伸觸類，謂已成六爻，而視其爻之變與不變，以爲動靜，則一卦可變而爲六十四卦，以定吉凶。凡四千九十六卦也。

朱子曰：「『大衍之數五十』，蓋以河圖中宮天五乘地十而得之。至用以筮，則又止『用四十有九』，蓋皆出於理勢之自然，而非人之知力所能損益也。」

按，大衍之解，康節云：「五者，蓍之小衍也。故五十爲大衍。」漢上云：「小衍之五，參兩也；大衍之五十，則小衍在其中矣。」此説近是。五十非「以河圖中宮天五乘地十而得之」，蓋古之立數者，凡畸零不用，故於五十五數去其五，亦猶期三百六十五日四分日之一而去其畸零，以爲三百有六十也。且蓍草之生，一本百莖，中分之得五十，彼此參會，皆由自然；及其用也，則又止四十有九。王弼云：「一不用，以象太極。」妄也。諸家穿鑿附會，尤無理，唯鄭康成云：「以五十之數不可以爲七、八、九、六卜筮之占，更減其一，故四十有九。」是爲正義，而李泰伯、郭子和宗之。子和曰：「世俗皆以三多三少定卦象，如是則不必四十九。數以四十五、四十一，皆初揲非五則九，再揲三揲非四則八矣。豈獨四十五、四十一爲然哉！自三十以上論之，則三十三、三十七、五十三、五十七、六十一、六十五、六十九、七十三、七十七、八十一、八十五、八十九、九十三、九十七，皆可得五九四八多少之象，與四十九數爲母者无以異；獨不可得三十六、二十四、二十八、三十二之策數。故蓍數四十九爲不可易之道，可易者，非聖人之法也。」此正所謂「出於理勢之自然，而非人之智力所能損益」者，又何必以河圖、太極之五、一，爲蓍法之所自出乎？

蕭山毛太史奇齡河洛原舛編曰：「問嘗學易淮西，見鄭康成所註『大衍之數』，起而曰：此非河圖乎？則又思曰：焉有康成所註圖，而漢代迄今不一引之爲據者。則又思『大衍』所註，見於李氏易解者，干寶、崔憬言人人殊，何以皆並無河圖之言？則又思康成所註大傳，其於『河出圖』句，既有成註，何以翻引入春秋緯文，「河圖九篇，洛書六篇。」而不實指之爲大衍之數？于是恍然曰：圖哉！圖哉！吾今而知圖之所來矣。摶之所爲圖，即『大衍』之所爲註也。然而『大衍之註之斷非河圖者，則以『河圖』之註之別有在也。『大衍』之註曰：『天地之數五十有五。天一生水，在北；地二生火，在南；天三生木，在東；地四生金，在西；天五生土，在中。然而陽無耦，陰無妃，未相成也。于是地六成水於北，與天一并；一六在北。天七成火於南，與地二并；二七在南。地八成木於東，與天三并；三八在東。天九成金於西，與地四并；四九在西。地十成土於中，與天五并，五十在中。而大衍之數成焉。』則此所爲註，非即摶之所爲圖乎？康成但有註而無圖，而摶竊之以爲圖；康成之註即可圖，亦非河圖；而摶竊之以爲河圖。其根其柢，其曲其裏，明白顯著，可謂極快。然而趙宋、元、明千年長夜，而及今而始得之。其說有二：一則世之言河圖者，亦皆知大衍之數，然第以爲河圖之陽二十五點，河圖之陰三十點，與大衍之數一三五七九、二四六八十，共成五十有五者，其數相合已耳。而其天生地成，地生天成，或北或南，爲水爲火，能方能圓，有單有複，按之可爲形，指之可爲象，則河圖有之，大衍不得而有之也。而孰知大衍之數，其爲形爲象原自如此，而人初不知。其長夜一。一則魏晉以後，俗尚王學，謂王弼。而鄭學稍廢。其所遺註，第散見於易、詩、書、三禮、春秋疏義，及釋文、漢書、文選諸所引註，而迄無成書。故唐惟李鼎祚略採其註於易解中，而其在他書，則惟王氏應麟復爲彙輯，而補於其後。此在劉、邵言易時，皆未之見。今摶得其說而不言所自，或亦轉得之他人，而并其所自而亦不之知，皆未可定，則冥冥矣。其長夜二。乃幸而得白，顯有從來。但當名之爲大衍圖，非然則名天地生成圖，非然則名五行生成圖，而斷斷不得名之爲河圖。浸假河圖即此圖，則此圖固康成所註者也。其於大傳「河出圖」下，何難直註之曰：「所謂河圖，即揲蓍所稱大衍之數」；「天一，地二，天三，地四，天五，地六，天七，地八，天九，地十」者，而乃又曰：「河龍圖發，其書九篇。」則豈非衍數、河圖截然兩分，數不得爲圖，衍不得爲畫乎？」

原舛云「數不得爲圖，衍不得爲畫」二句，真千古格言。顧其說猶有不盡然者，余不可以無辨。謹案，「大衍」者，揲蓍求卦之法也。大衍之數出於天地之數，而非即天地之數。蓋天地之數，易與範共之。凡天下之言數者，未有外於此者也。大衍之數則唯易有之，範不得而有之也。康成注「大衍」與「四象」，皆本漢書五行志，志據劉向父子洪範五行傳，以推災異。其所引左氏陳災傳說，蓋劉歆取大傳之六七八九十以續洪範之一二三四五，而爲生成妃牡之數。意主洪範，初不爲易而設。即其末舉坎離二卦，亦以證水爲火牡，火爲水妃云爾，終於「大衍」無涉也。唯律曆志言備數則引易「大衍之數五十」，言鐘律則引「參天、兩地而倚數」，言曆法則引「大衍之數」、「四營之象」，而以「天地之數」終焉。大抵五行主洪範，則附以春秋，而不及「大衍」；律曆主「大衍」，則附以春秋，而不及洪範。攷厥源流，區以別矣。故劉說「雖未嘗有圖，而圖實在其中」。藉令繪以爲圖，亦但可名天地生成圖，或五行生成圖，而斷斷不得名之曰大衍圖，何也？蓍無五行，無方位，無生成，無配耦也。今試就筮法而按之，自「四營成易」以至「十八變而成卦」，格中之所陳，版上之所畫，孰爲天生而地成，地生而天成邪？孰居北而爲水，居南而爲火邪？方者圓者，單者複者，皆安在邪？而原舛云：「大衍之數，其形其象原自如此。」吾所不解。若乃竊之爲河圖，則固有其形其象矣；生成南北，方圓單複，一一不爽，如宋人之所說矣。幸彼不見鄭注，苟見之，則援以相證，更增一重金湯之固矣。然而「天地之數」終不得爲河圖者，則以大傳無明文，而「五十有五」但可以生蓍，不可以畫卦也。毛公惟知數不得爲圖，而不知「大衍之數」與「天地之數」不可混而爲一；惟知衍不得爲畫，而不知鄭注乃劉氏洪範五行之數，非伏羲「大衍」、

「四營」之數也。長夜始旦，明尚未融。此余之所以不能無辨也。總之，康成以九篇爲河圖，久已認賊作子，而復據生成配耦之數以注易，遂爲僞關易之嚆矢，此所謂「藉寇兵而齎盜糧」者也，於摶乎何尤？毛公惡宋太過，故其立言往往刻於宋而寬於漢，夫豈平心之論與？

右論五行生成之數非河圖，并非大衍。

「易有太極，是生兩儀。兩儀生四象，四象生八卦，八卦定吉凶，吉凶生大業。」

劉氏禹錫辨易九六論曰：「一行大衍論云：三變皆剛，太陽之象；三變皆柔，太陰之象；一剛二柔，少陽之象；一柔二剛，少陰之象。」

東坡蘇氏易論曰：「老者，陰陽之純也。少者，陰陽之雜而不純者也。陽數皆奇，而陰數皆偶，故乾以一爲之爻，而坤以二。天下之物以少上聲。爲主，故乾之男皆二陰，而坤之女皆二陽。老陽、老陰者，乾坤是也。少陰、少陽者，乾坤之子是也。」

漢上朱氏曰：「乾，老陽也。震、坎、艮，少陽也。坤，老陰也。巽、離、兑，少陰也。故四象生八卦。」

平庵項氏曰：「凡繫辭之稱八卦者，即六十四卦也。八卦更相上下，變爲六十四卦，故例以八卦稱之。」

虚齋蔡氏清曰：「『四象生八卦』，此八卦該六十四卦者也。故繼之以『八卦定吉凶』。」

仲氏易蕭山毛錫齡字天與，善言易，早卒。其季奇齡述之，爲仲氏易。曰：「此爲揲蓍三致意也。夫祗一揲蓍，而本乾坤，而前民用至於如是，是故未揲之先，合五十之數聚而不分，有大中之道焉。説文：『極，中也。』屋極謂之中，言不分於一隅也。崔憬云：『捨一蓍爲太極是也。』而於是『分之爲二以象兩』，則是『太極生兩儀』也。李氏易解祗四十九數而未分爲太極，分之爲陰陽是也。而於是『揲之以四以象四時』，則是『兩儀生四象』也。虞翻謂：『四象即四時是也』。而於是一扐再扐，再變三變，而八卦成焉，則是『四象生八卦』也。荀爽云『四時通變爲八卦之所由始』是也。夫如是，而所生止八卦已哉！吉凶定則大業即於是生，而況其他乎？所謂『生生之謂易』，如是矣。其不及『掛一象三』、『歸奇象閏』者，略言之也。猶後文祗言『象四時』也。舊以太極、兩儀汎指天地，則於『易有太極』，『易有四象』，兩易有不合。一，謂是伏羲畫卦時，則畫卦是作卦，不是生卦。繫辭凡言生，如『生變化』，『生吉凶』，『生情僞』，『生利害』，皆是筮卦，非畫卦也。二，伏羲畫卦是由乾而坤，而六子，而因重以至六十四。夫子本辭自言之，並無由一而二而四之法。三，太極祗中而不分之義，而爲圖爲説，聚訟不決，此必不可爲訓者。四，四象從來無解。

五，且後文明云：『易有四象，所以示也。』與下『所以告』、『所以斷』同。若指畫卦言，則陰陽老少但畫時取資之象，謂可以示世、告世、斷吉凶乎？」

蠡吾李剛主塨與毛太史奇齡訊易書曰：「『易有太極』一節，先儒舊說，反覆思之不解。以兩儀爲天地，然八卦之乾坤，天地也。豈天地生天地乎？若以兩儀爲陰陽，則乾坤陰陽也，亦陰陽生陰陽矣。一不解也。四象爲木、火、金、水等說，先生闢之詳矣。況乾坤之上，先儒以太極爲主宰，尚有理。若又有兩儀四象，則乾坤之上不容有許多物件也。二不解也。繫辭曰：『天地設位，而易行乎其中。』則易者，從乾坤六子而名之者也，乃言易有太極以生天地。三不解也。先生直以太極爲乾，兩儀爲乾坤，各三而成八卦，塨亦未了然。今忽從先生解『夫易何爲』句，謂闡大衍五十之數，生一妄解，謂太極者，大衍之舍一不用者也；唐崔憬有此說。兩儀者，分而爲二以象兩也；四象者，揲之以四以象四時也；先儒以四象爲老陽、老陰、少陽、少陰，然亦揲之以四中事也。八卦統六十四卦而言，四揲十有八變而成之者也。言易大衍之數遞生以成八卦，而吉凶以定，趨吉避凶而大業以生，仍闡明揲蓍之故也。不言『掛一』、『歸奇』者，即在兩四之内也。觀前文有『興神物以前民用』，後文有『定吉凶莫大乎蓍龜』，及『易有四象，所以示也』，『繫辭焉所以告也』，『定之以吉凶，所以斷也』，似仍闡大衍之數者。惟先生教之。」仲氏易舊主卦，後改主蓍，李未見，故有此訊。毛鶩其闇合，答書大稱賞。

四象，余舊主東坡、漢上之説，乾坤爲老陽、老陰，三男三女爲少陽、少陰。蓋以四象即八卦，八卦即六十四卦也。歲庚辰客京師，因金素公得交於李君，晨夕過從，間以此説就正李君，曰：八卦原該六十四卦，但經明曰「四象生八卦」，今乃以四象即八卦，是八卦生八卦矣，似難通也。因出訊易書并仲氏易以示余，余參酌其説而爲之解。謹按，「天一地二」至「存乎德行」四章，大抵言揲蓍求卦之事。此節上文曰：「蓍之德圓而神」，而繼之曰：「卦之德方以知，六爻之義易以貢」，是卦爻即揲蓍之所得，非易書已然之畫也。故又曰：「神以知來」，曰：「是興神物，以前民用」，曰：「利用出入，民咸用之，謂之神」，皆指蓍言也。故唐一行以三變皆剛爲太陽，三變皆柔爲太陰。而朱子釋此節亦兼主揲蓍。訊易之解良是，但以「分而爲二」爲兩儀，「揲之以四」爲四象，則其義猶未愜當。蓋「分而爲二」不過分四十九策爲左右，即不舍一爲太極，其將不可分乎？安見此兩爲一之所生乎？「揲之以四」不過以左右手四四而數其策，即不「分而爲二」，其將不可數乎？安見此四爲兩之所生乎？且太極，形而上者也；兩儀、四象、八卦，皆形而下者也。八卦粲然成列，則兩儀、四象亦必粲然成列，當分二、揲四時，正在手中般運。其所謂天地、三才、四時、再閏者，特取譬之假象耳，若夫兩儀、四象，則參伍錯綜之餘，通變而成文者也。四營未畢，格中無奇耦之數；三變未終，版上無老少之爻，又安見爲兩儀、四象哉？展轉尋繹，終未豁然。竊意所謂太極者，一而已矣。命筮之初，奇偶未形，即是太極。迨夫「四營而成易」，合掛扐之策，置之於格，或五或四則爲奇，或九或八則爲偶，是謂「太極生兩儀」。至於三變而成爻。畫之於版，三奇爲□曰老陽，三偶爲╳曰老陰，一奇二偶爲⚊曰少陽，一偶二奇爲⚋曰少陰，是謂「兩儀生四象」。至於九變而爲三畫之小成，十八變而得二體之貞悔，是謂「四象生八卦」。由是各占其所值之卦爻，是謂「八卦定吉凶」。由是吉者趨而凶者避，是謂「吉凶生大業」。故下文結言之曰：「定天下之吉凶，成天下之亹亹者，莫大乎蓍龜。」脈絡分明，辭旨融徹，其爲揲蓍之序也何疑？總之，「四象」二字苦無定説，今既主一行之剛柔太少，而更推得其所以然，始知四象與單稱象者不同。單稱象者，即易書已然之畫，「八卦成列，象在其中」是也。四象則蓍策過揲之數，爻所用之九六及不用之七八是也。故下文又曰：「易有四象，所以示」，謂示人以所值之卦爻也。章中兩言「四象」，朱子以前「四象」爲聖人畫卦自然之次第，以後「四象」爲揲蓍所得陰陽老少之爻。夫均此「四象」，且同在一章之中，豈容有二解哉？太極、兩儀、四象之遞生，其爲揲蓍之序，益洞然而無疑矣。解成以復於李君，李君答書曰：「拙解雖成，然清夜思之，尚未自信以舍一、分二、揲四是相連之事，非相生之物也。今得妙解豁然，真是相生之序矣，真是生生之易矣。何快如之。」

此節於圖、書之義，似乎差緩。然鉤隱、啟蒙以太極、兩儀、四象、八卦悉附會於圖書，傳習已久，世莫敢違。故詳著其說，以明此節與圖、書無涉，且與畫卦亦無涉，而先天八卦次序之謬因以見云。

右論太極、兩儀、四象非圖、書之所有。

「天生神物，聖人則之。秀巖李氏曰：「龜筴傳，天下和平，王道得。而蓍莖長丈，其生每百莖。漢儒之説如此。今犍爲郡，田野間生此蓍草，一本百莖，絶無餘支。愚親觀之，但長可二尺餘，不盡如先儒之説，問諸土人，云：其生亦如常草，但一本百莖。此爲異也。」天地變化，聖人效之。漢上朱氏曰：「天地變化，四時行焉，萬物生焉。故聖人效之。」天垂象，見吉凶，聖人象之。日月五星，天象也。天不言，示之以象，吉凶見矣。故聖人象之。河出圖，洛出書，聖人則之。易有四象，所以示也。朱子曰：「四象，謂陰陽老少。示，謂示人以所值之卦爻。」繫辭焉，所以告也。定之以吉凶，所以斷也。」

程氏遺書入關録曰：「孔子感麟而作春秋，然麟不出，春秋豈不作！大抵須有發端處，如畫卦因見河圖、洛書，果無河圖、洛書，八卦亦須作。」

紫巖張氏浚曰：「『天生神物』，謂蓍龜之探賾索隱鉤深致遠者是也。『聖人則之』，以明易之象數。『天地變化』，謂陰陽之消息盈虛、往來進退者是也，『聖人效之』而爲六十四卦。『天垂象』，謂天之經緯錯雜、縱横昭著者是也，『聖人象之』而爲三百八十四爻。夫易之象數卦爻，聖人皆得於心，而必參之天地者，蓋聖人與天地之心相似，其愛人之心未嘗不同也。然天欲雨，山川必先雲氣，况易之興也，豈无先至之祥乎？是以聖人必終之以『河出圖，洛出書』，而又『則之』者。其則皇天以興其易者乎？又况『河圖不出，吾已矣夫！』孔子嘗有是歎。『九洛之事，治成德備』，莊周嘗有是言。『聖人則之』，度其時以卜其道之將以興也。而鄭康成溺於緯書，乃云：『河圖有九篇，洛書有六篇。』孔安國又以『河圖爲八卦，洛書爲九疇』，此皆蕪穢聖經者矣。甚至以神物、變化、垂象、圖書爲四象，此尤不經，學者不可以不辨。」

按，此言聖人作易準天地萬物之理，而未嘗自用其私智。蓍草一本百莖，中分爲五十，而大衍之數以定，四營之法以立，是謂「天生神物，聖人則之」。「在天成象，在地成形」，天地之變化也。「剛柔相摩，八卦相盪。鼓之以雷霆，潤之以風雨。日月運行，一寒一暑。乾道成男，坤道成女。」則「聖人效之」之事也。日月五星，天之垂象也。順序而行，則示人以吉；薄蝕陵鬭，則告人以凶。「聖人設卦觀象，繫辭焉而明吉凶」，使占者知所趨避，所以象之也。河、洛者，地之中也。聖人興必出圖書，伏羲則之以畫卦，文王、周公則之以繫彖爻，而開物成務之道備矣。上三者無時不有圖書，則曠世而一出，故未言之。觀下文「繫辭」與「四象」並舉，則此實該三聖之事，不必專主伏羲，亦不必謂洛書禹時所出，於易無與也。

易有筮無卜，而卜筮蓍龜並言。伏羲所則者，河圖也，而并及洛書，學者疑之。蔡季通云：「易豈有龜卜之法乎？亦言其理無二而已。」愚竊謂上文雖「蓍龜」並言，而此但云「神物」，即專指蓍亦無不可。圖書原不止羲、禹時出，漢五行志劉向曰：「昔三代居三河，河洛出圖書。」武帝紀元光元年詔曰：「昔在唐虞，畫象而民不犯。周之成康，刑錯不用，德及鳥獸。麟鳳在郊藪，河洛出圖書。」李尋傳對災異曰：「天下有道，則河出圖，洛出書。」溝洫志谷永上言：「河，中國之經瀆，聖王興則出圖書，王道廢則竭絶。」由是觀之，歷代有道之君皆受圖書，非獨羲、禹時出也。河圖，象也，故則之以畫卦；洛書，文字也，故則之以繫辭。河圖非必八卦，洛書不盡九疇也。墨子言周文王時河出録圖，故易緯乾鑿度有「入戊午蔀二十九年，受録應河圖」之説。沈約宋書符瑞志云：「周公攝政七年，制禮作樂，鳳凰見。乃與成王觀于河、洛，沈璧。禮畢，榮光幕河，青龍臨壇，銜玄甲之圖，坐之而去。禮於洛，亦如之。玄龜止于壇，背甲刻書，赤文成字。其言自周公至於秦漢盛衰之符。」此皆本諸緯候，殊不足信。然漢書言之鑿鑿，夫子亦有歎徯之思，是圖書必非不再出之物，安知文王、周公不有所則以繫象爻乎？紫巖以圖書爲易興先至之祥，正與夫子「鳳鳥」、「河圖」並舉之意相合。大傳曰：「易之興也，其於中古乎？」又曰：「當殷之末世，周之盛德。」然則二聖繫辭亦當有先至之祥，易興於中古，豈徒以羑里東山憂患之故哉！

易將興而圖書出，所謂「先天而天弗違」也；圖書出而易遂作，所謂「後天而奉天時」也。記曰：清明在躬，志氣如神。耆欲將至，有開必先。天降時雨，山川出雲。聖人一天而已，時至事起，何容心焉？

鄭氏玄易注曰：「春秋緯曰：河以通乾出天苞，洛以流坤吐地符。河龍圖發，洛龜書成。河圖有九篇，洛書有六篇。隋經籍志：「緯書：河圖二十卷，河圖龍文一卷。其書出於前漢，有河圖九篇，洛書六篇，自黄帝至周文王所受本文。又别有三十篇，云自初起至於孔子，九聖之所增演，以廣其意。又有七經緯三十六篇，並云孔子所作，并前合爲八十一篇。」

邢昺論語疏云：「鄭玄以爲，河圖、洛書龜龍銜負而出，如中候所説：『龍馬銜甲，赤文緑字，甲似龜背，袤廣九尺，上有列宿斗正之度，帝王録紀興亡之數』是也。」今案，史記秦始皇三十二年，燕人盧生奏録圖書，曰『亡秦者胡也』。此即所謂録紀興亡之數。蓋圖讖之術，自戰國時已有之。漢武表章聖籍，諸不在六藝之科者皆不得進。及其衰也，哀平之際，緯候繁興，顯附於六藝而無所忌憚。王莽矯用符命，光武尤信讖言，鄭興、賈逵以附同稱顯，桓譚、尹敏以乖忤淪敗，自是習爲内學。其事秘密，故稱内。康成號一代儒宗，不能違衆而獨立，乃據此以注易。信如所言，則伏羲畫卦之本變爲録紀興亡之數，而河圖亦是文字，洛書且非九疇矣。妖妄不經，莫甚於此。故參同契之流得乘隙而起，以九宫之數縱横十五者冒河圖之名，而稍近於理，世莫能辨。向使東漢諸儒不爲緯候所惑，紹先正之傳，而更爲之發明，彼方技家言安得竄入於吾易，而亂聖真，欺來學也哉！噫！是康成之過也。

河、洛九六之説，至今猶有爲彼所惑而遷就其間者。黄氏象數論曰：「『天垂象，見吉凶，聖人象之』者，仰觀於天也。『河出圖，洛出書，聖人則之』者，俯察於地也。謂之圖者，山川險易，南北高深，如後世之圖經是也。謂之書者，風土剛柔，户口阨塞，如夏之禹貢、周之職方是也。謂之河洛者，河、洛爲天下之中，凡四方所上圖書，皆以河洛繫其名也。」愚竊謂伏羲之世風俗淳厚，豈有山川險易之圖？結繩而治，豈有户口阨塞之書？且舉河、洛以該四方，未免曲説；改「出」爲「上」，尤覺難通矣。毛氏原舛編曰：「大抵圖爲規畫，書爲簡册，無非典籍之類。鄭康成註大傳，引春秋緯云：『河圖有九篇，洛書有六篇』，則直指爲簡册之物。此漢代近古似乎可案者。」夫緯書，六經之稂莠也。康成引以釋經，侮聖已甚，後儒不能鋤而去之，而反爲之灌溉滋長焉，其何以息邪而閑道乎？

揚雄覈靈賦曰：「大易之始，河序龍馬，洛貢龜書。」見李善文選注。

禮緯含文嘉曰：「伏羲德合上下，天應以鳥獸文章，地應以河圖洛書。」

按，此謂圖書並出伏羲之世。揚雄與劉歆同時，而其説之互異如此，蓋伏羲受河圖，經無明文，即無以驗洛書之果不出也。故諸儒各據所見以爲言。然夫子云：「上古結繩而治，後世聖人易之以書契。」上古謂包犧、神農，後世聖人則黄帝也。許慎説文序曰：「神農氏結繩而治，黄帝之史倉頡見鳥獸蹏迒之跡，乃造書契。」又「河圖玉版曰：倉頡爲帝南巡，登陽虚之山，臨於玄扈、洛汭之水，靈龜負書，丹甲青文以授之。」孝經援神契曰：「奎主文章，倉頡效象，洛龜曜書，垂萌畫字。」則書契興於黄帝之世，蒼頡感洛書而作，明矣。孔安國尚書序云：「伏羲造書契以代結繩之政。」顯背大傳，不可從。伏羲時未有書名，洛之所出，安得稱書？子雲亦未深考耳。

漢書五行志劉歆曰：「虙犧氏繼天而王，受河圖，則而畫之，八卦是也；禹治洪水，賜雒書，法而陳之，洪範是也。」

張衡東京賦曰:「龍圖授羲,龜書畀姒。」

按,禹受洛書,不可謂無其事,然不自禹始也。據河圖玉版挺輔佐,黄帝堯舜時洛已出龜書矣。亦不自禹止也。據沈約宋書符瑞志,成王、周公時洛又出龜書矣。河圖不止羲受,洛書亦不止禹受,故夫子並舉以贊易。

吴草廬云:「大抵周後漢初,儒家專門之學率是口耳授受,故凡有文辭可記誦者有傳,無文辭不可記誦者無傳。五經皆存,而獨樂之一經亡;三百五篇詩皆存,而獨笙詩六篇亡,蓋以無文辭可記誦故也。若先天古易止有卦畫,河圖、洛書止有圖象,則儒家亦不傳,是以魏、晉、唐、宋初之儒不見圖書。」

渭按,自秦禁學,口説流行。漢初挾書之律未除,凡無文字可記誦者,儒家或逸而不傳,亦未可知。然易又與它經不同,秦以爲卜筮之書,獨不在禁中。使果有先天古易、河圖、洛書,不妨公行於世,何竟無一人知之?且草廬謂「儒家無傳」,其意以爲獨養生家傳之耳。漢藝文志道家之外又有房中、神仙、方技諸家,皆不以記誦爲事、能傳河圖、洛書者也。彼縱私爲養生之術,豈遂不知爲包犧作易之由也者。孝文好黄老而創置博士,孝武慕神仙而表章六經,儒道二流皆其所尚,真千載一時也。苟出所藏,以爲人主長生久視之助,且明指爲河圖、洛書,以附四聖人之易,而立於學官,其道將由是大光，奚爲終祕而不出乎？宋世之所傳，其非古之河圖、洛書也明矣。昔張平子言：「緯候虛妄，譬猶畫工惡圖犬馬而好作鬼魅。」彼謂「龍銜一片之甲，龜負一卷之書」者，固不足信，而宋以後圖、書之説，亦復與畫鬼魅無異。蓋東序之河圖，天錫之洛書，世無其器，任意寫之，無所不可。故或云「九圖而十書」，或云「十圖而九書」，或刓方而使之圓，或引圓而使之方，或作陰陽相含之象，羅願以一圈爲河圖，陰陽相含，言出於青城山隱者。見宋文憲集。蔣公順云：「當以先天圖爲河圖。」即此。或爲白黑相間之形，郝經盡廢先儒之説，自畫一圖爲白圈黑圈，與五相間而爲十，以白爲天奇，以黑爲地偶，取三奇爲乾，三偶爲坤，其餘卦取之亦然。見劉因河圖辨。或言蜀隱者之祕授，趙撝謙六書本義云：「天地自然之圖，世傳蔡元定得於蜀之隱者，祕而不傳。」毛氏原舛編云：「蜀山隱者、青城隱者及蔑叟、醬翁之徒，總暗昧不可考。從來無名氏，皆是寓言，不必有人者。君平、季主皆蜀隱君子，亦皆言易，何必無名也。或稱武夷君之真傳；謝枋得有一圖，髣髴八卦，作坎離中畫交流，謂之真河圖。袁清容曰：「謝先生遯於建安，得圖書於彭翁，彭得之武夷君。」原舛編云：「此即魏伯陽諸家抽坎填離之術。」而其所載之以出者，則曰：「馬之旋毛如星點，龜之甲坼如字畫。」或又云：「馬毛似連錢之文，龜甲有瑇瑁之點。」至近世豐坊謂：「龍馬之革燼於武庫，其象傳於石經。」坊僞撰石經正音，有一圈爲河圖。其説云：「包羲之世，龍馬出於滎河，背上旋毛有此圖象，歷世相傳，至晉元康五年，武庫火，馬革燼焉，其象傳於石經，宋藏之祕府，而清敏公手摹之。清敏，坊遠祖稷也。」晉書五行志：「元康五年武庫火，王莽頭、孔子履、漢高祖斷白蛇劍，一時蕩盡。」坊因而附會以爲駰革之燼，亦在此年也。朱謀㙔謂：「河圖世藏祕府，宋徽宗始出示，中外傳寫，謀㙔著易象通，有衍河圖：一太極，二兩儀，三四象，四八卦，俱作圓圈。蓋解剝希夷古太極體而爲之。其説曰：「三代以來，厥圖世藏祕府，學者莫得而窺。逮宋徽宗考古搜奇，始出示，中外傳寫，迄今寖失其舊，以故學者舍河圖而造太極，昧四象而贅五行，位置顛冥，方物舛謬。」而誕謾斯極矣。」夫畫工之寫鬼神，雖天容道貌，吾猶不敢信以爲真，而況夔魖罔象，變相迭出者乎？易道至此，亦「陽九之阸，百六之會」也。迂談僻論，愈出愈奇，矯誣上天，蕪穢聖經，何怪乎歐陽永叔、司馬君實、姚小彭、項平甫、袁機仲、林德久、趙汝楳、王子充、歸熙甫、郝仲輿諸人之欲屏絶圖書也哉！雖然，河圖、洛書古實有其事，後之君子不信河、洛五九之篇，方圓九十之數可也，并夫子所謂「河出圖，洛出書」者而疑之，則過矣。

右論圖書不過爲易興先至之祥。

書顧命曰：「赤刀、大訓、弘璧、琬琰在西序，大玉、夷玉、天球、河圖在東序。」

孔氏安國曰：「大訓，虞書典謨。河圖，八卦。伏犧王天下，龍馬出河，遂則其文以畫八卦，謂之河圖。及典謨皆歷代傳寶之。」

論語：子曰：「鳳鳥不至，河不出圖。吾已矣夫！」

何晏集解孔曰：「聖人受命，則河出圖，今無此瑞。河圖，八卦。」

禮記禮運曰：「天不愛其道，地不愛其寶，人不愛其情，故天降膏露，地出醴泉，山出器車，河出馬圖。」

鄭氏玄曰：「馬圖，龍馬負圖而出也。」

孔氏穎達曰：「按中候握河紀注云：龍馬，龍而形象馬。故云馬圖。」或云：「周禮馬八尺以上曰龍，出於河，猶漢武時天馬出渥洼水也。」

東坡蘇氏曰：「夫河圖、洛書，其詳不可得而聞矣。然著於易，見於論語，不可誣也，而今學者或疑焉。山川之出圖書，有時而然也。魏晉之間，張掖出石圖，文字粲然，時無聖人，莫識其義耳。河圖、洛書，豈足怪哉？」魏志管寧傳：「青龍四年辛亥詔書：『張掖玄川涌溢，激波奮蕩，寶石負圖，狀象靈龜，宅於川西，嶷然盤峙，倉質素章，麟鳳龍馬，煥炳成形，文字告命，粲然著明。』太史令高堂隆上言：古王聖帝所未嘗蒙，實有魏之禎命，東序之世寶。」蓋隆亦以此石爲河圖之類也。

厚齋王氏應麟曰：「歐陽公以河圖洛書爲怪妄。東坡曰：『見於易，著於論語，不可誣也。』南豐曰：『以非所習見，則果於以爲不然。是以天地萬物之變，爲可盡於耳目之所及，亦可謂過矣。』蘇、曾皆歐陽公門人，而論議不苟同如此。」

一卷之書亦必有師。尊所聞、行所知者，弟子之職也。然自非聖人，不能無過，故語云：智者千慮，必有一失。夫入室操戈，固非師之所望於弟子；而義苟未安，則爲弟子者虛心平氣，以待公論之自定，未爲不可。彼一聞異議，輒疾之如讐，欲執兵而掊其後者，亦非君子之道也。蘇、曾不阿所好，其與世之黨同門妬道真，挾恐見破之私意，而無從善服義之公心者，相去遠矣。

山陽閻徵君若璩曰：「鳳鳥河圖，皆爲帝王盛世之應。故禮以天之膏露，地之醴泉，山之器車，與馬圖並言；書與兑之戈，和之弓，垂之竹矢，一時而並陳，原不必定伏羲時出。祇緣集註如是，加以世多歐公之徒，不信祥異，一似夫子思此不再見之物也者。不知河圖黄帝時亦出，堯、舜、禹時疊出，成王、周公時又出，載諸史志。即下至晚宋，朱子表章四書：『有龍駒生於九峰山下，龍首馬身，狀若負河圖者，父老來致賀。』於元晦以爲與麟至同符，誰謂天人相與之際，不有冥通者邪！」

魏志：博士淳于俊曰：「包羲因燧皇之圖而制八卦。」高貴鄉公折之曰：「若使包羲因燧皇而作易，孔子何以不云燧人氏没，包羲氏作乎？」俊不能荅。此妄談，不足深辨。玉海姚信曰：「連山氏得河圖，夏人因之曰連山。歸藏氏得河圖，商人因之曰歸藏。伏羲氏得河圖，周人因之曰周易。」姚信，三國吴太常卿也。周禮疏云：「案世譜等書，神農一曰連山氏、列山氏。黄帝一曰歸藏氏，並是代號。」王洙曰：「山海經云：伏羲氏得河圖，夏后因之，曰連山。黄帝氏得河圖，商人因之，曰歸藏。列山氏得河圖，周人因之，曰周易。」洙字原叔，著易傳十卷。二説互異。漢上朱氏曰：「斯乃杜子春之所憑，姚信之言，非口自出，但所從傳者異耳。梁武攻之，涉於率肆。仲尼曰：『河不出圖，吾已矣夫。』蓋聖人受命必有符瑞，若圖不再出，無勞歎徯。」此言良是。然歷代所受「河圖」，豈必皆爲卦畫之象，而則之以作易，蒙有猜焉，未敢盡從也。

按，顧命東西序之所陳，類皆玩好，唯大訓、河圖爲載道之器。周官天府總謂之大寶器，祭祀陳之，示能守；喪紀陳之，示能傳也。河圖非必伏羲時出，猶鳳鳥不獨舜時來儀。然孔安國注論語云：「河圖八卦。」而書顧命傳則直指爲伏羲之河圖。姚信亦云：「伏羲得河圖，周人因之，曰周易。」朱子固有所本，非杜撰也。但「河圖」不知載在何物，歷數千年至周而尚存。據禮運爲馬圖，則中候云：「龍馬銜甲，甲似龜背，袤廣九尺」，庶幾近之。而其所謂甲者，終不知爲何物。據曹魏時張掖出石圖，有八卦之狀，高堂隆以比東序之世寶，則「河圖」當爲石類。俞玉吾琰云：「天球，玉也。河圖而與天球並列，蓋玉之有文者。」然則赤刀，金也。大訓而與赤刀並列，亦將爲金之有文者乎？又有據大訓爲簡策，以證河圖之亦爲簡册者，則緯書九篇之説，不爲誕妄矣。

紛紛推測，終無定論。然河圖藏諸天府，不知何時遂亡。初意秦昭襄王取周九鼎寶器時，河圖並入於秦，及項羽燒秦宮室與府庫，俱爲灰燼，此其所以不傳也。今年客京師，與四明萬君季野斯同論及此事，萬君曰：「幽王被犬戎之難，周室東遷，諸大寶器必亡於此時。河圖，無論後人，恐夫子亦不及見。」余聞而韙之。頃檢周本紀云：「犬戎殺幽王驪山下，虜褒姒，盡取周賂而去。」賂即珍寶貨財也。可見河圖實亡於此時，故自平、桓以下，凡顧命所陳諸寶器，無一復見於傳記。而王子朝之亂，其所挾以出者，周之寶珪與典籍而已，天府之藏無有也。寶珪，典瑞所掌；典籍，太史掌之。並非大寶器。河圖亡已久，雖老耼、萇弘之徒，亦未經目覩。故夫子適周，無從訪問，贊易有其名而無其義，所謂「疑者，丘蓋不言也」。若夫天地之數，夫子未嘗指爲河圖，故自漢、魏以迄隋、唐，言河圖者或以爲九宮，或以爲九篇，未有指五十五數爲河圖者。乾鑿度、參同契雖皆以九宮爲河圖，而終不敢摹一象名之曰河圖，以附於其書。陳摶生於五季，去古彌遠，何從得其本真而繪圖以授人乎？漢景帝云：「食肉不食馬肝，未爲不知味。」今言易而不言河圖，亦未爲不知道也。

右論古河圖之器。

書洪範：「箕子乃言曰：『我聞在昔，鯀陻洪水，汩陳其五行。帝乃震怒，不畀洪範九疇，彝倫攸斁。鯀則殛死。禹乃嗣興，天乃錫禹洪範九疇，彝倫攸敘。初一曰五行，次二曰敬用五事，次三曰農用八政，次四曰協用五紀，次五曰建用皇極，次六曰乂用三德，次七曰明用稽疑，次八曰念用庶徵，次九曰嚮用五福，威用六極。』」

孔氏安國曰：「天與禹，洛出書。神龜負文而出，列于背，有數至于九，禹遂因而第之，以成九類，常道所以次敘。」

孔氏穎達曰：「易繫辭云：『河出圖，洛出書，聖人則之。』九類各有文字，即是書也。」漢書五行志劉歆以爲「禹治洪水，錫洛書，法而陳之，洪範是也」。先達共爲此說。龜負洛書，經無其事。中候及諸緯多說黃帝、堯、舜、禹、湯、文、武受圖書之事，皆云「龍負圖，龜負書」。緯候不知誰作，通人討覈，謂「僞起哀、平」，雖復前漢之末，始有此書，以前學者必相傳此說，故孔以九類是神龜負文而出，列於背，有數從一而至於九也。言禹第之者，以天神言語必當簡要，不應曲有次第，丁寧若此，故以爲禹次第之。又曰：「初一已下至六極，傳言此禹所第敘，不知洛書本有幾字。」五行志悉載此一章，乃云：「凡此六十五字皆洛書本文。」計天言簡要，必無次第之數，故孔以第是禹之所爲。初一曰等二十七字，必是禹加之也。其敬用、農用等一〔一〕十八字，大劉及顧氏以爲龜背先有，總三十八字；小劉以爲敬用等亦禹所第敘，其龜文惟有二十字，並無明據。未知孰是？故兩存焉。顧氏名彪，大劉名焯，小劉名炫，皆隋人。

按，隋志云：「濟南伏生之傳，唯劉向父子所著五行傳是其本法。」歆以洛書爲文字，蓋亦本伏生。伏生嘗爲秦博士，習聞古訓，洛書即九疇，必三代以來相傳之學，非臆説也。天地之文理當簡要，劉炫謂本文惟有二十字，是爲得之。但孔疏云天神言語」，世或疑焉。以爲如此則頗似崔浩稱寇謙之所受録圖真經，人神接對，手筆粲然者，事涉妖妄，不可以説經。故林之奇書傳云：「『帝乃震怒，不畀洪範九疇』，猶言天奪之鑒；『天乃錫禹洪範九疇』，猶言天誘其衷。」而趙汝楳易雅謂：「不過如天錫王勇智，天錫公純嘏之類，非真有物負之以錫諸人也。」王禕祖述其意，極論禹無受洛書之事，而據繫辭傳，以爲河圖、洛書皆伏羲所則以作易。總由「天神言語」四字有以滋其疑，而莫之釋耳。孔子曰：「天何言哉！四時行焉，百物生焉。」孟子曰：「天不言，以行與事示之而已矣。」禹治水得其道，天錫之洛書，以昭瑞應，此即「時行」「物生」，「以

〔一〕「一」，經解本、四庫本作「二」，據尚書孔疏原文改。

行與事示之」之理。洛書，文也，非言也。而穎達以爲「天神之言語」，則誣矣。說文序云：「倉頡之初作書，蓋依類象形，故謂之文。其後形聲相益，即謂之字。字者，言孳乳而浸多也。」然則文與字不同，文之點畫少，字之點畫多。洛書之文蓋與蒼頡初制相類。左傳：仲子有文在手，曰爲魯夫人。成季、唐叔有文在手，曰友，曰虞。正義曰：石經古文虞作㐺，魯作表，手文容或似之。朱子亦云：「古字畫少，恐或有模様觀於此。」言可以悟洛書成文之理矣。

馬圖見於禮運，人不以爲怪；龜書見於緯候，世或疑其妄。然天地間耳目之所不及，未可斷以爲必無。魏志明帝青龍四年，張掖有寶石負圖，狀像靈龜，文字告命，粲然著明。水經注引車頻秦書，苻堅建元十二年，高陸縣民穿井得龜，大二尺六寸，背文負八卦。古字物固有然，無足怪者；然世風衰薄，間有作僞之事，如三國吴孫皓時，鄱陽歷陵山石文理成字凡二十，乃人以朱書石作之，言天下當太平。吴志：「孫皓天璽元年，鄱陽言歷陵山石文理成字凡二十，曰：楚九州渚，吴九州都，揚州士作天子，四世治，太平始。」注江表傳曰：「歷陵長上言石印發，皓遣使以太牢祭之，巫言石印三郎說天下方太平。使者作高梯上看印文，詐以朱書石作二十字，還以啟皓，皓大喜。」唐武太后臨朝，武承嗣使鑿白石爲文凡八字以獻，稱獲之於洛水。太后命其石曰寶圖。通鑑：「唐垂拱元年，武承嗣使鑿白石爲文，曰：聖母臨人，永昌帝業。末紫石雜藥物，填之，使雍州人唐同泰奉表以獻，稱獲之於洛水。太后喜，命其石曰寶圖，尋更命爲天授聖圖。十二月己酉，太后拜洛受圖。」林少穎、趙汝楳、王子充有見於此類，故深斥洛書。然以末世之僞，而疑上古之真，不可也。東都事略杜鎬傳：「王欽若勸真宗爲祥瑞以鎮服四夷，真宗疑焉，因問鎬：『河出圖，洛出書，果何事？』鎬遽對曰：『此聖人以神道設教耳。』真宗意遂決。」是猶曹丕篡漢，而以爲舜、禹之事當亦如此也。鎬之言不惟成君之惡，且大得罪於聖人矣。

仲氏易曰：「考禹治河，所得名爲洪範九疇，不名洛書。觀書云『天乃錫禹洪範九疇』，並不及洛書，可驗也。若云天所錫者洛書，禹因而衍之，始名洪範九疇，則書又云『天不畀鯀洪範九疇』，是以禹所更定之名，而天反豫竊之也。可乎？」

渭按，洪範者，尚書之篇名也。書序云：「武王勝殷，以箕子歸，作洪範。」是洪範乃箕子之所命，以其爲治天下之大法，故謂之洪範。其九疇則大禹所命，亦猶包犧之八卦耳。羲皇受河圖而始作八卦，文王演之，其書名易，不名河圖；大禹第洛書爲九疇，箕子演之，其書名洪範，不名洛書，其義一也。蓋河圖、洛書，乃易、洪範所由作，非即易、洪範也。以彖爻無河圖之文，而疑八卦非感河圖而作；以洪範無洛書之文，而疑九疇非法洛書而陳。然則夫子所謂「聖人則之」者，果何所則而何所作邪？至于「天不畀鯀洪範九疇」，而「錫禹洪範九疇」，此箕子追序之辭，謂鯀失治水之道，天不錫之以洛書，禹得治水之道，天乃錫之以洛書耳。而顧以辭害意，謂「禹所更定之名而天反豫竊之也」，不已戲乎？總之，河圖、洛書特推原當時易、範所由作，今欲明易，八卦具在，焉用河圖？欲明範，九章具在，焉用洛書？宋人崇尚圖、書，自以爲補苴罅漏，張皇幽渺，若非此則無以明易、範，遂成千古笑柄。然河圖、洛書三語，實出於夫子，又不可如歐公輩斥之以妖妄，故不得不一覈其源流。侏儒問天高於修人，修人曰：不知。侏儒曰：子雖不知，猶近於我。孔安國、劉歆，修人也；陳摶、劉牧，侏儒也。天高幾許，豈修人所能知？然必無修人不知而侏儒反知之理，況修人所言畧有端倪，而侏儒所言無非夢囈，又安得不舍侏儒而從修人邪？

右論古洛書之文。

易圖明辨卷二

五行

書洪範曰：「一五行：一曰水，二曰火，三曰木，四曰金，五曰土。」

正義曰：「萬物成形以微著爲漸，五行先後亦以微著爲次。水最微爲一，火漸著爲二，木形實爲三，金體固爲四，土質大爲五。」

按，五行之名肇見於洪範，其一二三四五，以微著輕重爲次。自氣而形，而質具在其中。未見此但爲生數，而必待六七八九十以成之也。易有四象而無五行，此與天地大衍之數絶無交涉。

右論古五行之序。

漢書五行志：「左氏傳鄭裨竈曰：『火，水妃也。妃以五成。』妃音配，或讀如字。說曰：天以一生水，地以二生火，天以三生木，地以四生金，天以五生土。五位皆以五而合，而陰陽易位，故曰『妃以五成』。然則水之大數六，火七，木八，金九，土十。故水以天一爲火二牡，木以天三爲土十牡，土以天五爲水六牡，火以天七爲金四牡，金以天九爲木八牡。陽奇爲牡，陰耦爲妃。故曰：『水，火之牡也；火，水妃也。』左傳魯梓愼語。於易，坎爲水，爲中男；離爲火，爲中女，蓋取諸此也。」

白雲郭氏雍曰：「漢志言天以一生水，地以二生火，天以三生木，地以四生金，天以五生土。故或謂天一至天五爲五行生數，地六至地十爲五行成數。雖有此五行之說，而於易無所見。故五行之說出於曆數之學，非易之道也。」

梨洲黄氏宗羲象數論曰：「世之言五行者，莫不本於生成之數，皆以爲造化之自然，無容復議也。某則以九流之失，由此數失之於始。夫太虛絪縕相感，止有一氣，無所謂天氣也，無所謂地氣也。自其清通而不可見，則謂之天；自其凝滯而有形象，則謂之地。故曰：『資始資生。』又曰：『天施地生，言天倡而不和，地和而不倡。今所謂生者，倡也；所謂成者，和也。一三五天之生數，六八十地之成數；二四地之生數，七九天之成數，是天倡而復和，地和而復倡。真若太虛之中兩氣竝行，天氣地氣其爲物貳矣。是故一氣之流行，無時而息。温之殺而涼爲秋，是金之行；涼之至而寒爲冬，是水之行；寒之殺則又和，木火金水之化生萬物，其凝之之性即土。蓋木火金水土，目雖五而氣則一，皆天也；其成形而爲萬物，皆地也。若以水木土天之所生，火金地之所生，則春冬屬天，夏秋屬地。五行各有分屬，一氣循環，忽截而爲天，忽截而爲地，恐無此法象矣。原其一水二火三木四金五土，不過以質之輕重爲數之多寡，第之先後。故土重於金，金重於木，木重於火，火重於水。然方其爲氣，豈有輕重之可言？未聞涼重於温，寒重於和也。則知天一至地十之數，於五行無與矣。是故言五行天生地成可也，言地生天成不可也；言奇數屬天，偶數屬地可也，言某行屬奇數，某行屬偶數，不可也。此千古不解之惑，儒者不免，況於術數家乎？」

按，大傳曰：「在天成象，在地成形。」又曰：「乾知大始，坤作成物。」又曰：「成象之謂乾，效法之謂坤。」然則氣象皆在天，形質皆在地，「地道无成而代有終」，五行無地生天成之理也。梨洲之言可謂明且清矣。

禮記月令：孟春之月曰：「天氣下降，地氣上騰。天地和同，草木萌動。」孟冬之月曰：「天氣上騰，地氣下降。天地不通，閉塞而成冬。」是固有天氣地氣之説矣。然地氣即向之所受於天而藏焉者也，以其在地，因謂之地氣。猶臣子受君父之賜予以爲己有，不可謂其物本吾之所有也。故朱子謂：「地二而虚，所以其中容得天許多氣。」豈天氣之外别有所爲地氣哉！孔子閒居，謂子夏曰：「地載神氣，神氣風霆，風霆流行，庶物露生。」其所謂神氣，即天之氣也。况太虚之中絪緼之始，安得地氣與天氣並行邪？

左傳昭九年，裨竈曰：「火，水妃也。妃以五成。」注云：「火畏水，故謂之妃。妃，合也。五行各相妃合得五而成。」疏云：「陰陽之書有五行妃合之説。甲乙，木也。丙丁，火也。戊己，土也。庚辛，金也。壬癸，水也。木克土，土克水，水克火，火克金，金克木。木畏金，以乙爲庚妃也。金畏火，以辛爲丙妃也。火畏水，以丁爲壬妃也。水畏土，以癸爲戊妃也。土畏木，以己爲甲妃也。杜用此説，故云：『火畏水，故爲之妃。』」十八年，梓慎曰：「水，火之牡也。」注云：「牡，雄也」。疏云：「陰陽之書有五行嫁娶之法。火畏水，故以丁爲壬妃，是水爲火之雄。」今按，此文則水妃火牡，辭雖不同，理實一致。陰陽家五行嫁娶之法，取十干妃合爲義。甲與己合，乙與庚合，丙與辛合，丁與壬合，戊與癸合，是爲「妃以五成」。此皆陰陽家言，與易道本不相謀。而漢志以天一地二之數，釋火牡水妃之義；又證之於卦，以坎爲火牡，離爲水妃，是則然矣。獨不思乾、兑之金，坤、艮之土，震、巽之木，將孰爲牡，而孰爲妃邪？豈乾、兑之金可以牡震、巽之木，震、巽之木可以牡坤、艮之土邪？就其言推之，已有不可得通者，而後之人顧猶據以爲洛書，爭以爲河圖，真不足當劍首之一吷矣。

鄭氏易注曰：「天地之氣各有五。五行之次一曰水，天數也；二曰火，地數也；三曰木，天數也；四曰金，地數也；五曰土，天數也。此五者陰無匹，陽無耦，故又合之。地六爲天一匹也，天七爲地二耦也，地八爲天三匹也，天九爲地四耦也，地十爲天五匹也。二五陰陽各有合，然後氣相得，施化行也。」注五位。又曰：「凡五行減五，大衍又減一，故四十九也。天一生水於北，地二生火於南，天三生木於東，地四生金於西，天五生土於中。陽無耦，陰無配，未得相成。地六成水於北，與天一并；天七成火於南，與地二并；地八成木於東，與天三并；天九成金於西，與地四并；地十成土於中，與天五并也。」注大衍。

按，漢志說本劉歆洪範五行傳，但據天一至地十之數以釋左氏「水妃火牡」之文，初不爲易而設，亦未有五方之位也。自康成取以注易，而七八九六爲易之四象；水北、火南、木東、金西、土中，一生一成各爲配耦。亦是配以五成，然但取生成，不取克畏，與漢志小異。雖未寫以爲圖，而圖已具此，與揚子玄圖皆僞關易河圖之粉本也。

禮記月令：「孟春之月，其日甲乙，其數八，立春盛德在木，迎春於東郊。」「孟夏之月，其日丙丁，其數七，立夏盛德在火，迎夏於南郊。」「季夏之月，中央土，其日戊己，其數五。」「孟秋之月，其日庚辛，其數九，立秋盛德在金，迎秋於西郊。」「孟冬之月，其日壬癸，其數六，立冬盛德在水，迎冬於北郊。」

按，月令，吕不韋作也。而東木之數八，南火之數七，中土之數五，西金之數九，北水之數六，則似戰國時已有以天地之數附會於洪範，而爲五行生成之説者矣，不待劉歆班固也。其於木火金水皆以成數言之，而土則獨言生數者，蓋舉五以例其餘，以見六七八九之尚有一二三四也。且一乘五即爲六，二乘五即爲七，三乘五即爲八，四乘五即爲九；五者，六七八九之所由成也。六除五即爲一，七除五即爲二，八除五即爲三，九除五即爲四；六七八九者，又一二三四之所藏也。五乘五即爲十，十除五即爲五，其數互相備，雖不言十而十在其中矣。鄭康成以木火金水爲四象，實本於此。唐仲友經世圖譜云：「月令，河圖之數也，故土藏十。」此據劉牧之龍圖而爲言耳。然龍圖，九宫之數也，南九西七；而月令以七居南，以九居西，則固與九宫易位矣。以是知不韋所言乃五行生成之數，非明堂九室縱横十五之數也。中央言五不言十，與玄圖同。

揚子雄太玄玄圖篇曰：「一與六共宗，范望解云：在北方也。二與七爲朋，在南方也。三與八成友，在東方也。四與九同道，在西方也。五與五相守。」在中央也。

張子曰：「天下之數止於十，窮則自十而反一。」又「數當止於九，其言十者，九之耦也。揚雄亦曰：『五復守於五者，蓋地數無過天數之理。孰有地大於天乎？』故知數止於九，九是陽極也。十也者，姑爲五之耦焉耳。」

按，太玄演五行之數，不曰五與十相守，而曰五與五相守，隱其十而不言，何也？蓋子雲覃思渾天，參摹而四分之，極於九九八十一首，每首九贊，以五行之數分隸九贊之下，勢不得復用十矣。故其說曰：「鴻本五行，九位施重。」此十之所以隱而不言也與。今九九算法，遇十則變爲一。十常隱而不見，即是此理。

揚子玄圖

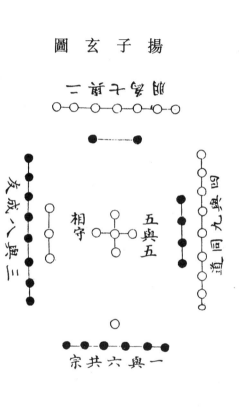

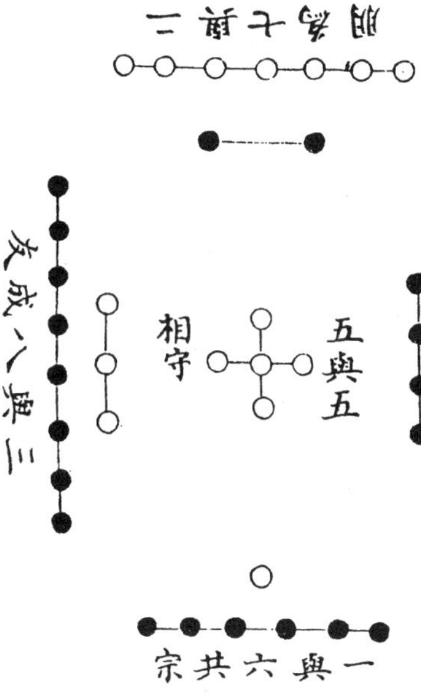

劉、鄭五行配合之說，與天地之數相符，然未嘗名之曰圖也。至太玄始有玄圖篇，

而其所謂「一六共宗，二七爲朋，三八成友，四九同道，五五相守」者，蓋即其圖也。圖雖不見於今，既名爲圖，則圖固具是矣。而奇偶名配，與劉、鄭同，惟五不配十，爲小異耳。范諤昌以是爲伏羲重定生成之位，而劉牧目之曰洛書；闗子明以是爲龍馬所授伏羲之數，而蔡元定宗之爲河圖。其粉本皆用太玄，而加以地十。然玄雖擬易，實老子之學；本名玄圖，非河圖也。安得附會大傳，指爲聖人之所則哉！奇白偶黑之點，非子雲意中所有，今欲示「共宗」「同道」之形，姑借龍圖之法以立象爾。

自春秋以迄兩漢，言五行者，裨竈、梓慎主占候，吕不韋主時令，劉向主災異，劉歆兼主曆數，揚雄草玄亦與泰初曆相應。雖皆言生成之數，却非爲易而設，至鄭康成始援以注易，而四象之義乃定。要之，未有以此數爲河圖、洛書者，何則？劉歆以河圖爲八卦，洛書爲九章；鄭康成以九篇爲河圖，六篇爲洛書；劉瑜以乾鑿度九宫之數爲河圖，蜀隱者以希夷之先天太極爲河圖。彼既自有其圖、書，必不於其外更標一圖、書，可知也。自僞龍圖出，而始以五十有五爲羲皇重定之數矣；自僞闗易出，而直以五行生成爲龍馬所負之圖矣。劉牧、蔡元定從而揚其波，抑又甚焉。自此以後，劉、蔡迭爲興廢，或以此爲河圖，或以此爲洛書，謬種流傳，變怪百出。原其弊，實漢志有以啟之。愚故先辨五行，次及九宫、參同契、先天太極，而以龍圖、鉤隱、啟蒙終焉。

右論洪範五行傳生成之數。

九宫

禮記月令：孟春天子居青陽左个，注云：太寢東堂北偏也。正義云：是明堂北偏而云太寢者，明堂與太廟、太寢制同。北偏者，近北也。四面旁室謂之个。仲春居青陽太廟，東堂當太室。季春居青陽右个，東堂南偏。孟夏居明堂左个，太寢南堂東偏。仲夏居明堂太室，南堂當太室。季夏居明堂右个，南堂西偏。中央土居太廟太室，中央之室也。土寄旺四時，各十八日，共七十二日。除此則木火金水亦各七十二日矣。土無專氣無定位，寄旺於辰、戌、丑、未之末。未月在火金之間，又居一歲之中，故特揭中央土於此，以成五行之序焉。孟秋居總章左个，太寢西堂南偏。仲秋居總章太廟，西堂當太室。季秋居總章右个，西堂北偏。孟冬居玄堂左个，太寢北堂西偏。仲冬居玄堂太廟，北堂當太室。季冬居玄堂右个。北堂東偏。

朱子曰：「論明堂之制者非一，竊意當有九室如井田之制，東之中爲青陽太廟，東之南爲青陽右个，東之北爲青陽左个；南之中爲明堂太廟，南之東即東之南爲明堂左个，南之西即西之南爲明堂右个；西之中爲總章太廟，西之南即南之西爲總章左个，西之北即北之西爲總章右个；北之中爲玄堂太廟，北之東即東之北爲玄堂右个，北之西即西之北爲玄堂左个；中爲太廟太室。凡四方之太廟異方所；其左右个，則青陽左个即玄堂之右个，青陽右个即明堂之左个，明堂右个即總章之左个，總章右个乃玄堂之左个也，但隨其時之方位開門耳。太廟太室則每季十八日，天子居之歟。古人制事多用井田遺意，此恐然也。」

大戴禮記明堂篇曰：「明堂者，古有之也。凡九室：二九四，七五三，六一八。

按，後世以九宫爲河圖，實造端於明堂、月令之説。今考小戴言天子居明堂九室，依四時十二月之序，而大戴則分九室爲三條而言之。南曰明堂，其本名。古者以西爲上，故從西南起。或曰：「封禪書公玉帶上黄帝時明堂圖，有樓從西南入，命曰昆侖，天子從之入，以拜祠上帝，故九室起自西南也。」二九四者，二爲總章左个與明堂右个，九爲明堂太室，四爲明堂左个與青陽右个也。七五三者，七爲總章太廟，五爲太廟太室，三爲青陽太廟也。六一八者，六爲總章右个與玄堂左个，一爲玄堂太廟，八爲玄堂右个與青陽左个也。二九四共爲十五，七五三共爲十五，六一八亦共爲十五，縱横十五，妙合自然。後世九宫之數，實權輿於此。其以某室當某數者，蓋取九九算術所設乘除之位，以定明堂九室之數也。詳見於後。漢藝文志：禮十三家，有明堂陰陽三十三篇，又明堂陰陽説五篇。此必戴記所自出，故宣帝時魏相表采易陰陽及明堂、月令奏之，言五帝所司各有時，東方之卦不可以治西方，南方之卦不可以治北方，則以八卦之方位配明堂之九室可知矣。坎之爲一，以至離之爲九，則又據明堂九室之數而定之也。古之制度大而分州，小而井田，莫不以九爲則，明堂亦然。其制皆起於黄帝，在伏羲畫卦之後。八卦之方位已定，并其中數之則爲九，九州、井田、明堂皆黄帝所以法八卦也。九宫，蓋即明堂之九室，故隋志有九宫經，依託黄帝。然自歆、固以前，未有直指爲河圖者，唯後漢劉瑜傳：桓帝延熹八年，上書言「河圖授嗣，正在九房」。九房即九室也。考工記云：「内有九室，九嬪居之。」蓋王者路寢，聽朝時則九嬪在此，共聽事也。蓋其時已有據乾鑿度「河圖八文」一章，而直指九宫爲河圖者，此即僞龍圖三變之粉本矣。龍圖第三變，劉牧謂之太皥授龍馬負圖。然河圖乃天成卦畫之象，伏羲因之以作易。數因象而見，象不由數以生。縱横十五之數，雖非人私智所能爲，亦出畫卦之後，終不可指以爲河圖也。

明堂九室圖

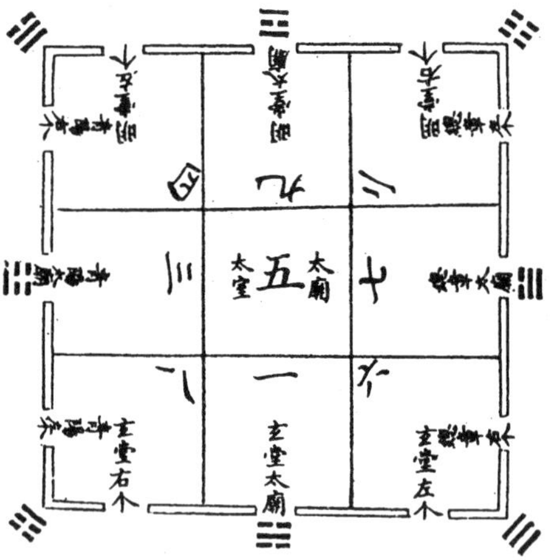

後漢書張衡傳：「自中興之後，儒者爭學圖緯，兼復附以妖言。衡以圖緯虛妄，非聖人之法。乃上疏曰：『聖人明審律曆以定吉凶，重之以卜筮，雜之以九宮，經天驗道，本盡於此。』『圖讖成於哀平之際。』『皆欺世罔俗，以昧埶位，情僞較然。且律曆、卦候、九宮、風角，數有徵效，世莫肯學，而競稱不占之書。譬猶畫工惡圖犬馬，而好作鬼魅，誠以實事難形，而虛僞不窮也。宜收藏圖讖，一禁絶之，則朱紫無所眩，典籍無瑕玷矣。』」

按，九宫不見於漢書，至張衡始兩言之。上與律曆、卜筮並稱，下與卦候、風角相埒，非圖緯妖妄不經者比。九宫之數縱横十五，不知起於何時。按管子輕重戊篇曰：「宓戲作造六峜以迎陰陽，方以智通雅云：「舊以峜字未詳，一切字書皆不收入。智按，宛委編以六計解之，升菴之説也。則當爲計，音以企，本是跂音也。又辛子文號計研，漢碑作峜研。王若谷曰：六峜，其如周髀算法乎？」作九九之數以合天道，而天下化之。」世本曰：「隸首作數。」宋忠云：「隸首，黄帝史也。」魏劉徽九章算經序曰：「包犧氏始畫八卦，作九九之術，以合六八之變，黄帝引而伸之。」邵子觀物外篇曰：「天圓而地方，圓之數起一而積六，方之數起一而積八，變之則起四而積十二也。六者常以六變，八者常以八變，十二者亦以八變，自然之道也。」此所謂六八之變，疑即是此數。夏侯陽算經序曰：「算數起自伏羲，而黄帝定三數爲十等，隸首因以著九章。」韓詩外傳曰：「齊桓公設庭燎，東野人有以九九見者。」吴書趙達治九宫一算之術；隋志有楊淑九九算術一卷。蓋九宫一算，即九九算術。伏羲始作之，黄帝使隸首引而伸之，以爲九章之數者也。據劉徽之言，則伏羲先畫八卦，後作九九。班固云：「伏羲畫八卦，由數起。」非也。漢儒據説卦第一章，先言生蓍倚數，後言立卦生爻，故謂畫卦由數起，而傳意實不然。蓋錯解也。今九九八十一乘除之算，疑即隸首遺制。算經每以物設爲乘除法，觀物外篇曰：「乘數，生數也。除數，消數也。算法雖多，不出乎此。」有九數列爲三條書之者，與大戴明堂篇所列正相似。術家取九室之數，配以八卦、五行，名之曰九宫。後漢黄香有九宫賦；隋志有黄帝九宫經一卷，九宫行棊經三卷，並鄭玄注，又九宫八卦式圖一卷。唐志有太一九宫雜占一卷，遁甲九宫八門圖一卷。其曰黄帝九宫，蓋以數成於隸首；而明堂之制，亦創自黄帝，故依託之也。

右論古九宫之數。

王氏應麟玉海引易乾鑿度曰：「河圖八文：易變而爲一，一變而爲七，七變而爲九，九者，氣之究也。乃復變而爲一。」語本列子。彼注云：「太極本一而生陰陽五行，則爲七。其變爲九，則又以七之少陽，而進爲老陽。陽主進，陰主退，八退爲六，七進爲九也。」

東坡蘇氏曰：「世之通於數者，論參伍錯綜，則以九宫言之。九宫不經見，見於乾鑿度，曰：『太乙行九宫。』九宫之數，以九一三七爲四方，以二四六八爲四隅，而五爲中宫，經緯四隅，交絡相值，無不得十五者。陰陽老少皆分取於十五，老陽取九，餘六以爲老陰；少陽取七，餘八以爲少陰。此與一行之學不同，然吾以爲相表裏者。二者雖不經見，而其説皆不可廢也。」

程氏大昌易原曰：「晉張湛傳列子『至七變爲九』曰：『此章全是周易乾鑿度。』則漢魏已降，凡言易老者皆已宗而用之，非後世託爲也。然則圖、書也者，乾鑿度實能得之，而孔、劉反不得見，何邪？所可言者，其『四正四維皆爲十五』，正符陳摶所傳，則其來已古，篤可信爾。」

緯書多出於哀、平之世，而後漢律曆志，順帝時邊韶上言，太初改元易朔，以乾鑿度八十分之四十三爲日法，則似武帝時已有乾鑿度矣。是殆不然。蓋作者以太初曆法竄入其中，暗與之合，非武帝果用此書爲日法也。圖緯至唐時已多殘缺，宋世別有乾鑿度二卷，題云「蒼頡修」，乃贋書。玉海所載不知是殘缺本文否？據晉張湛注列子「太易」一章云「全是乾鑿度」，而孔穎達易正義引乾鑿度有太易、太初、太始、太素，正與張湛所言合，其爲本文無疑矣。河圖之形象，久已無傳，自田何輩不能贊一辭，況撰乾鑿度者乎？程泰之謂「作者親見河圖」，蓋爲其所愚也。

後漢書張衡傳注引易乾鑿度曰：「太一取其數以行九宮。」鄭玄注云：「太一者，北辰神名也。下行八卦之宮，每四乃還於中央。中央者，地神之所居。日知録云：「地神疑作北辰。」故謂之九宮。天數大分，以陽出，以陰入；陽起於子，陰起於午。是以太一下九宮，從坎宮始。自此而坤，而震，而巽，所行者半矣，還息於中央之宮。既又自此而乾，而兑，而艮，而離，行則周矣。上遊息於太一之星，而反紫宮也。」史記天官書：「中宮天極星，其一明者，爲太一常居。」

封禪書：「亳人謬忌奏祠太一方，曰：『天神貴者太一，太一佐曰五帝。古者天子以春秋祭太一東南郊，用太牢，七日，爲壇開八通之鬼道。』於是天子令太祝立其祠長安東南郊，常奉祠如忌方。」鄭康成周禮注云：「昊天上帝又名太一。」

太一下行九宮圖

巽四	離九（陰根於午；行周上反紫宮）	坤二
震三	中五（行半還息中央）	兌七
艮八	坎一（陽根於子）	乾六

南齊書高帝紀案太一九宮占曆推自漢高帝五年，至宋順帝昇明元年，太一所在。易乾鑿度曰：「太一取其數以行九宮。」九宮者，一爲天蓬，以制冀州之野；二爲天內，以制荊州之野；三爲天衝，其應在青；四爲天輔，其應在徐；五爲天禽，其應在豫；六爲天心，七爲天柱，八爲天任，九爲天英，其應在雍、在梁、在揚、在兗。天衝者，木也。天輔者，亦木也。故木行太過不及，其眚在青、在徐。天柱，金也。天心，亦金也。故金行太過不及，其眚在梁、在雍。惟水無應宮也。

唐書玄宗紀：「天寶三載十二月癸丑，祠九宮貴神於東郊。」

唐會要：「玄宗天寶三載十月，術士蘇嘉慶上言，請於京城置九宮壇。壇一成，其上依位置小壇，東南曰招搖，正東曰軒轅，東北曰太陰，正南曰天一，中央曰天符，正北曰太一，西南曰攝提，正西曰咸池，西北曰青龍。五數爲中，戴九履一，左三右七，二四爲上，六八爲下，符於遁甲。」晁氏曰：「遁甲之書見於隋志，凡十三家。則其學之來亦不在近世矣。以休、生、傷、杜、景、死、驚、開八門，推國家之吉凶。通其學者以爲有驗，未之嘗試也。」肅宗至德三年六月，置太一神壇於南郊東，九宮以四孟隨歲改位行棊，謂之飛位。乾元後遂不易位。」「武宗會昌二年正月，左僕射王起等奏：『按黃帝九宮經及蕭吉五行大義，一宮其神太一，星天蓬，卦坎，行水，方白。二宮其神攝提，星天内，卦坤，行土，方黑。三宮其神軒轅，星天衝，卦震，行木，方碧。四宮其神招搖，星天輔，卦巽，行木，方緑。五宮其神天符，星天禽，卦坤，行土，方黄。六宮其神青龍，星天心，卦乾，行金，方白。七宮其神咸池，星天柱，卦兑，行金，方赤。八宮其神太陰，星天任，卦艮，行土，方白。九宮其神天一，星天英，卦離，行火，方紫。統八卦，運五行，土飛於中，數轉於極。』」章俊卿山堂考索云：「漢立太一祠，即甘泉泰畤也。唐謂之太清紫極宮，宋謂之太一宮，尤重其祠。以太一飛在九宮，每四十餘年而一徙，所臨之地則兵疫不興，水旱不作。」

按，張衡所稱九宫，不過如明堂、月令之説，而易緯乾鑿度則以爲太一下行之數，涉於誕矣。衡方斥圖緯爲非聖之書，九宫必不取諸乾鑿度，章懷不當引以爲注。蘇嘉慶、王起等所奏神號、星名、方色，則又其穿鑿傅會之甚者也。

九宫，非河圖也。自乾鑿度有「河圖八文」之語，劉瑜有「河圖九房」之稱，而世遂以九宫爲河圖矣。又有指此爲洛書者，蓋以九疇之故。然九疇有次第，無方位也。强配八卦以附會之數，豈理也哉？

右論乾鑿度太一九宫之數。

易圖明辨卷三

周易參同契

舊唐書經籍志丙部五行類：周易參同契二卷，魏伯陽撰；周易五相類一卷，魏伯陽撰。

唐書藝文志五行類：魏伯陽周易參同契二卷，又五相類一卷。古文參同契本云：「三相類淳于叔通撰。」未知孰是？

真一子彭曉參同契解義序曰：「魏伯陽，會稽上虞人。修真潛默，養志虛無，博贍文詞，通諸緯、候。得古文龍虎經，盡獲妙旨，乃約周易譔參同契三篇，復作補塞遺脫一篇，密授青州徐從事，名景休。徐乃隱名而注之。桓帝時復授同郡淳于叔通，遂行於世。」

雲笈七籤神仙傳曰：「魏伯陽作參同契，似解釋周易，其實假借爻象以論作丹之意，而儒者不知神仙之事，多作陰陽注之，失其奥旨矣。」

晁氏公武讀書志曰：「周易參同契三卷，漢魏伯陽撰，彭曉爲之解，隋、唐書皆不載。

唐新舊二史皆有。按，陸德明解「易」字云：『虞翻作參同契，言字從日下月。』今此書有日月爲易之文，其爲古書明矣。」

陳氏振孫書録解題曰：「參同契分章通真義三卷，明鏡圖訣一卷，真一子彭曉秀川撰。蜀永康人也。參同契因易以言養生，後世言修鍊者祖之。序稱廣政丁未蜀孟昶廣政十年，歲在丁未，漢高祖之天福十二年也。以參同契分十九章而爲之注〔一〕。且爲圖八環，謂之明鏡圖。」

升菴楊氏慎古文參同契序曰：「參同契爲丹經之祖。然考隋、唐經籍志皆不載，承晁氏之誤。惟神仙傳云：『魏伯陽，上虞人，通貫詩律，文詞贍博，修真養志，約周易作參同契。』徐氏景休箋註，桓帝時以授同郡淳于叔通，因行於世。五代之時，蜀永康道士彭曉分爲九十章，以應火候之九轉，餘鼎歌一篇，以應真鉛之得一。其説穿鑿，且非魏公之本意也。其書散亂横決，後之讀者不知孰爲經孰爲註，亦不知孰爲魏孰爲徐與淳于，自彭始矣。朱子作考異及解，亦據彭本，元俞玉吾所註又據朱本。」

復陽子蔣一彪古文參同契集解序曰：「昨偶檢先大夫雲龍公遺籍，得古文參同契一

〔一〕「十九」，各本皆同，書録解題原文亦作「十九」，然按之參同契分章通真義序及原書，該書實分九十章，當作「九十」。

帙，魏伯陽所著，上中下三篇，序一篇；徐景休箋註亦三篇，序一篇；淳于叔通補遺三相類上下二篇，後序一篇，合爲十一篇。惟白文無註，是未經後人妄紊者，爲成都升菴楊慎氏所序本。覽之，始知往年所閲者，乃以魏君序及景休、叔通二家之註序，竄入於魏君經文中，大相混亂。後人註者不知所自，訛以因訛，經註莫辨，皆緣飾以成文，則不無牽引附會之誤。又無怪乎最後之觀者，見其重文複義，不達所指，咸即成説，而一切草草錯會焉。不知亂筆自何人，而升菴謂於彭始。予今釐正其譌，一以古文爲準，別出魏君經文，取彭曉、陳顯微、陳致虛、俞琰四子之註，節集於各段之下，以顯明其義。」一彪，餘姚人。萬曆甲寅序。

朱子語類曰：「易只是箇陰陽。莊生曰：『易以道陰陽。』亦不爲無見。等而下之，如醫技養生家之説，皆不離陰陽二者。魏伯陽參同契，恐希夷之學有些是其源流。」又曰：「先天圖傳自希夷，希夷又自有所傳。蓋方士技術用以修鍊，參同契所言是也。參，雜也。同，通也。契，合也。謂與周易理通而義合也。其書假借君臣以彰内外，敍其離坎直指汞鉛，列以乾坤奠量鼎器，明之父母，保以始終，合以夫妻，拘其交媾，譬諸男女，顯以化生，材以陰陽，導之反復，示之晦朔，通以降騰，配以卦爻，形於變化，隨之斗柄，取以周星，分以晨昏，昭諸刻漏，莫不託易象而論之。故名周易參同契云。」

合沙鄭氏東卿曰：「伯陽之參同契，意在鍛鍊而入於術，於聖人之道爲異端。」

黄氏震日抄曰：「參同契者，漢世魏伯陽所造，其説出於神仙傳，不足憑。爲之注釋者，五代末彭曉，則此書必出於五代之前也。此方士煉丹之書，然必冒周易爲稱者，鍊丹取子午時爲火候，是坎離。因用乾坤坎離四正卦於槖籥之外，其次言屯蒙六十卦，以見一日用功之早晚，又次言納甲六卦，以見一日用功之進退，又次言十二辟卦，以分納甲六卦而兩之。要皆附會周易，以張大粉飾之。其實煉丹無藉於易，易本無預於煉丹。而今世言火候者，因以三百八十四爻爲一周天，以一爻直一日，而爻多日少，終不相合，其妄可知。近世蔡季通學博而不免於雜，嘗留意此書，而晦菴與之游，因爲校正。其書頗行，然求其義，則終無之。」

河津薛氏瑄曰：「參同契假易論長生之術，若指諸掌，然終是方技之書。」

京山郝氏敬學易枝言曰：「周易參同契作自魏伯陽，大旨宗老氏。道德經者，老子之易也。門户轂軸，槖籥牝牡，稽數探賾，不一而足，有無玄妙，悉本其中。故知此書宗老氏，於易則參同契云爾。」

河右毛氏奇齡曰：「參同契諸圖自朱子註後，則學者多删之，徐氏註本已亡，他本庬雜不足據，惟彭本有水火匡廓圖、三五至精圖、斗建子午圖、將指天罡圖、昏見圖、晨見圖、九宫八卦圖、八卦納甲圖、含元播精三五歸一圖。然或并至精、歸一圖，或并斗建、將指圖，故或九或七。今藏書家與道家多有之。以其書本丹竈家抽坎塡離之術，故隋、唐志以其書入道家類。渭按，唐志入五行類，隋志無。相傳漢桓帝時淳于叔通受其學，始以行世。故張平叔悟眞詩云：『叔通受學魏伯陽，留爲萬古丹經王』也。」見太極圖説遺議。

書録解題言彭本明鏡圖有八環，今其存者非九則七，蓋斗建、將指不當并合，而至精、歸一本係一圖，是爲八環耳。易外別傳校正彭眞一明鏡圖，畧加增損而成九環。

地承天氣圖

易曰：「至哉坤元，萬物資生，乃順承天。」

參同契曰：「恒順地理，承天布宣。」

石澗俞氏琰曰：「人之元氣藏於腹，猶萬物藏於坤；神入氣中，猶天氣降而至於地；氣與神合，猶地道之承天。天地以此而生物，吾身以此而産藥。太玄經云：『藏心於淵，美厥靈根。』與此同旨。」

月受日光圖

邵子曰：「月體本黑，受日之光而白。」

俞氏曰：「日爲太陽，月爲太陰。月本無光，月之光乃日之光也。陽明陰暗，陽稟陰受，故太陰受太陽之光以爲明。人之心爲太陽，氣海猶太陰。心定則神凝，神凝則氣聚。人能凝神入於氣中，則氣與神合，與太陰受太陽之光無異。」

先天卦乾上坤下圖

後天卦離南坎北圖

邵子曰：「神統於心，氣統於腎，形統於首，形氣交而神主乎其中，三才之道也。」

俞氏曰：「人之一身，首乾腹坤，而心居其中，其位猶三才也。『氣統於腎，形統於首，』一上一下，本不相交，所以使之交者，神也。神運乎中，則上下渾融，與天地同運，此非三才之道歟！夫神守於腎則靜而藏伏，坤之道也；守於首則動而運行，乾之道也。藏伏則妙合而凝，運行則周流不息。妙合而凝者，藥也。周流不息者，火也。」

陰符經曰：「機在目。」

邵子曰：「天之神發乎日，人之神發乎目。」

俞氏曰：「目之所至，心亦至焉。故内鍊之法以目視鼻，以鼻對臍，降心火入於氣海，蓋不過片餉工夫而已。」

乾坤坎離圖

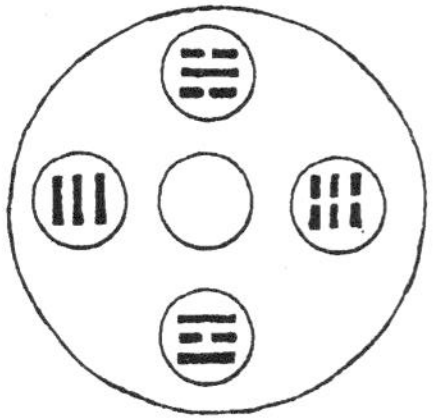

天地日月圖

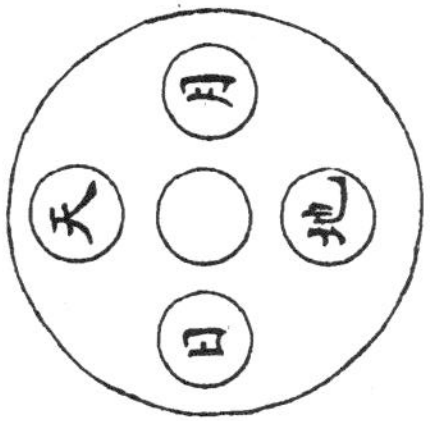

易曰：「乾爲天，坤爲地，離爲日，坎爲月。」又曰：「乾爲首，坤爲腹。」

太玄經曰：「陽氣潛萌於黄宫。」

黄庭經曰：「子欲不死修崑崙。」又曰：「出日入月呼吸存。」

俞氏曰：「首居上而圓，諸陽之所會，乾天之象也。故易以乾爲首。崑崙在西北，乾位，故黄庭經以乾爲崑崙。腹居下而中虚，八脈之所歸，坤地之象也。故易以坤爲腹。天玄而地黄，故太玄以坤爲黄宫。日生於東，月生於西，故易以離爲日，坎爲月。呼吸出入，升降上下，往來無窮，故黄庭以呼吸爲日月。或以兩目爲日月，非也。兩目僅有日月之形，無日月之用。」

參同契曰：「九還七返，八歸六居。」又曰：「七八數十五，九六亦相應。」又曰：「金水合處，木火爲侶，四者渾沌，列爲龍虎。」

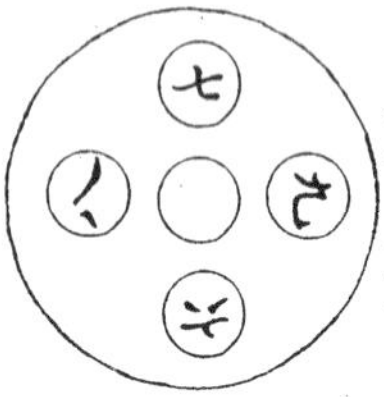
八七九六圖

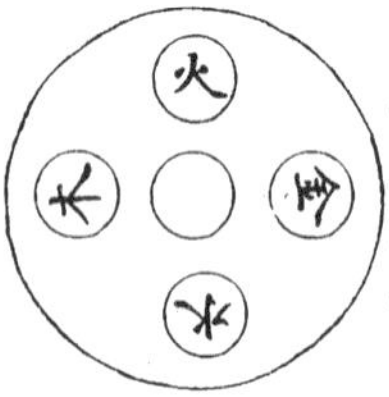
木火金水圖

俞氏曰："六七八九，乃水火木金之成數。木數八屬東，火數七屬南，木自東而升，則與火爲侶於南矣。金數九屬西，水數六屬北，金自西而降，則與水合處於北矣。丹家有所謂赤龍黑虎者，東方蒼龍七宿運而之南，則爲赤龍，西方白虎七宿運而之北，則爲黑虎。無非譬喻身中之呼吸。究而言之，何龍虎之有？何金水木火之有？何七八九六之有？皆譬喻耳。或疑九七八言還、返、歸，六獨言居，得無異乎？曰：六居北不動，三方之還、返、歸，皆聚於北，故言居也。"

乾坤交變十二卦循環升降圖

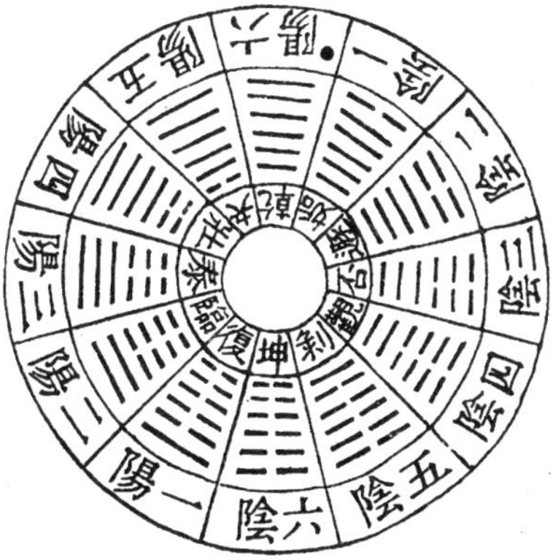

俞氏曰：「乾上坤下，吾身之天地也。泰左否右，吾身天地之升降也。復非十一月，亦非夜半子時，乃身中之子也。姤非五月，亦非日中午時，乃身中之午也。張悟真云『否泰交，則陰陽或升或降』，蓋謂身中之泰否。」

坎離交變十二卦循環升降圖

俞氏曰：「坎北離南，吾身之水火也。既濟東未濟西，吾身水火之升降也。屯居寅蒙居戌，吾身之火候也。寅非平旦寅，乃身中之寅；戌非黄昏戌，乃身中之戌。張悟真云『屯蒙作，動静在朝在昏』，蓋謂身中之屯蒙。」

屯蒙二卦反對一升一降圖

既濟未濟反對一升一降圖

參同契曰：「朔旦屯直事，至暮蒙當受。晝夜各一卦，用之依次序。既未至昧爽，終則復更始。日辰爲期度，動静有早晚。春夏據内體，從子到辰巳。秋冬當外用，自午訖戌亥。」

俞氏曰：「參同契以乾坤爲鼎，坎離爲藥物，因以其餘六十卦爲火候。一日有十二時，兩卦計十二爻，故日用兩卦。朝屯則暮蒙，朝需則暮訟，以至於既濟、未濟，一也。屯倒轉則爲蒙，有一升一降之象。屯自内而升爲朝、爲晝、爲春夏；蒙自外而降爲暮、爲夜、爲秋冬。諸卦皆然。夫以六十卦分布爲三十日，以象一月，然遇小盡則當如之何？蓋比喻耳，非真謂三十日也。或以此爲閉目數息之法，則不勝其煩且勞矣。豈至簡至易之道哉！」

周易參同契金丹鼎器藥物火候萬殊一本之圖

惟斯之妙術兮，審諦不誑語。傳於億世後兮，昭然而可考。焕若星經漢兮，昺如水宗海。思之務令熟兮，反覆眂上下。

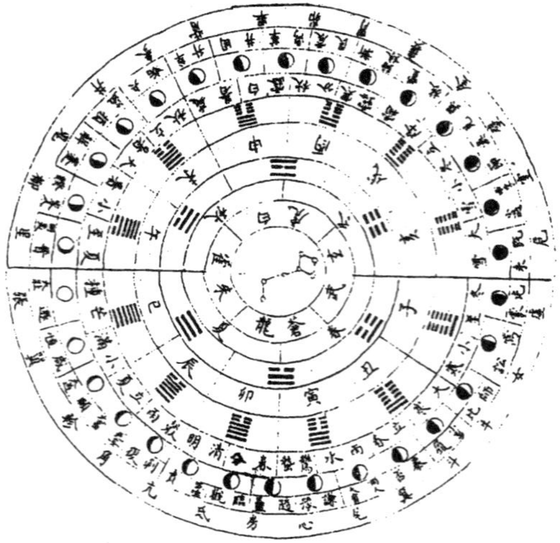

千秋燦彬彬兮，萬遍將可覩。神明或告人兮，心靈忽自悟。探端索其緒兮，必得其門户。天道無適莫兮，當傳與賢者。

右論參同契指要。

參同契曰：「乾坤者，易之門户，衆卦之父母。坎離匡廓，朱子考異作「匡郭」，云：「其象如垣郭之形。」運轂正軸。牝牡四卦，以爲槖籥。」空同道士鄒訢曰：「以宇内言之，則乾天在上，坤地在下，而陰陽變化在其間；以人身言之，則乾陽在上，坤陰在下，而一身之陰陽變化在其間。此乾坤所以爲易之門户，衆卦之父母也。凡言易皆指陰陽變化而言，在人身則所謂金丹大藥者也。然則乾坤其爐鼎歟？乾坤位乎上下，而坎離升降於其間，如車軸之貫轂以運輪，一下而一上也。牝牡謂配合之四卦，震艮巽兑是也。槖鞴囊，籥其管也。」上陽子陳致虚曰：「何謂坎離匡廓？蓋陽乘陰則乾中虚而爲離，陰乘陽則坤腹實而爲坎，故坎離繼乾坤之體，而爲陰陽之匡廓。比乾坤之於坎離，猶車輻之於轂軸，乾坤正坎離之輻，坎離輳乾坤之轂。老子曰：三十輻共一轂。此大小徐君之旨同也。」

「天地設位而易行乎其中矣。天地者，乾坤之象也；設位者，列陰陽配合之位也。易謂坎離，坎離者，乾坤二用。二用無爻位，周流行六虚，往來既不定，上下亦無常。幽潛淪匿，升降於中。包囊萬物，爲道紀綱。」全陽子俞琰曰：「乾天坤地，吾身之鼎器也。離日坎月，吾身之藥物也。先天八卦，乾南坤北，列天地配合之位，離東坎西，分日月出入之門。反求吾身，其致一也。乾坤爲體，坎離爲用。坎離二者，周流升降於六虚，往來上下，本無爻位，吾身坎離運行乎鼎器之内，潛天潛地，豈有爻位哉？」

水火匡廓圖

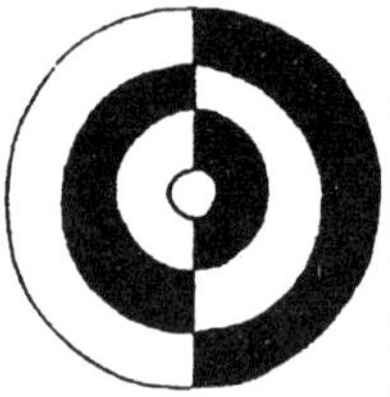

河右毛氏曰：「水火匡廓圖者，以章首有『坎離匡廓，運轂正軸』二語。所云水火，即坎離也。丹家以坎離爲用，故輪而象之。又名水火二用圖，則又取『天地者，乾坤之象』，『坎離者，乾坤之用』二語。蓋其圖正作坎離二卦，而運爲一軸，非所謂『兩儀』也，亦非所謂『陽動生陰，陰靜復生陽』也。其中一〇，則坎離之胎也，左爲離，白黑白即☲也；右爲坎，黑白黑即☵也。」見太極圖説遺議。

參同契曰：「物無陰陽，違天背元。牝雞自卵，其雛不全。夫何故乎？配合未連，三五不交，剛柔離分。」陳顯微曰：「張紫陽詩云：莫把孤陰謂有陽，獨修一物轉羸尪。鍾離先生詩云：莫謂此身亡是道，獨修一物是孤陰。須知『一陰一陽之謂道』，『男女構精，萬物化生』，而後可語還丹矣。苟二物不合，三五不交，水火未濟，剛柔離分，則陰陽隔絶，天地閉塞，所謂『偏陰偏陽謂之疾』也。」又曰：「三五與一，天地至精。可以口訣，難以書傳。子當右轉，午乃東旋。卯酉界隔，主客二名。金水合處，木火爲侶。四者混沌，列爲龍虎。龍陽數奇，虎陰數偶。肝青爲父，肺白爲母，腎黑爲子，心赤爲女，脾黃爲祖。子五行始，三物一家，都歸戊己。彭曉曰：「子水數一，爲五行始。金火木三物同功，首尾造化，俱歸戊己者，是故脾黃爲藥之祖也。」剛柔迭興，更歷分布。龍西虎東，建緯卯酉。刑德並會，相見歡喜。刑主伏殺，德主生起。陳致虛曰：「青龍屬東，白虎屬西，此其正也。『更歷分布』者，青龍建緯於西，白虎建緯於卯，是刑德並會，而龍虎歡喜，顛倒相見。」子南午北，互爲綱紀。一九之數，終而復始。含元虛危，播精於子。陳致虛曰：「『子南午北』者，顛倒五行也。仙聖云：『五行順行，法界火坑，五行顛倒，大地七寶。』所以水火互爲綱紀，方能既濟也。陽生於一，成於九，陽數至九則極，極則復於一。此謂一九之數終而復始。『含元虛危，播精於子』者，丹之神功在此兩句。蓋虛危之次，日月合璧之地，一陽初生之方，龜蛇蟠結之所。故太一所含先天之元氣，其真精遇子則播施，此復應前文『子五行始』之義也。」俞琰曰：「子午即南北水火，卯酉即東西金木。右轉左旋，一伏一起，則水火相交，金木自然不間隔矣。然東西卯酉皆金木異名，非天地方位，亦非人身左右。」

三五至精圖

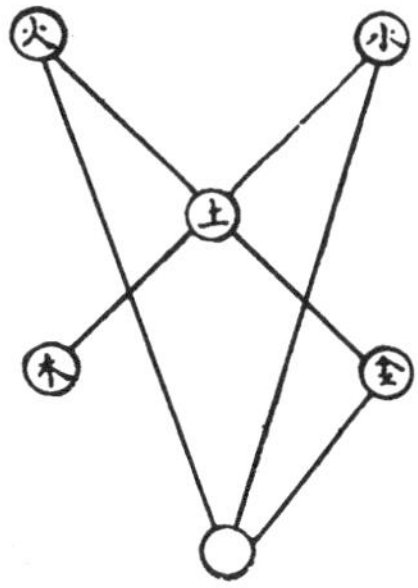

張氏伯端悟真篇曰：「三五一都三箇字，古今明者實然稀。東三南二同成五，北一西方四共之。戊己自居生數五，三家相見結嬰兒。嬰兒是一含真氣，十月胎圓入聖機。」

毛氏曰：「三五至精圖者，取『三五與一，天地至精』語，而分五行爲三五：中央土，一五也，天五生土也。左火與木共一五也，地二生火，天三生木也；二三，五也。右水與金又共一五也，天一生水，地四生金也；一四，亦五也。故其爲生序，則水承坎下，火承離下；其爲行序，則金盛爲水，木盛爲火，而合而復歸於一元也。合三五而皆鉤連於下之一。則此一○者，三五之合，非二五之合；三五之精，非二五之精。蓋丹家水火必還一元，故其後復有『含元播精，三五歸一』之語。」見太極圖說遺議。

按，三輪肖坎離二卦，五行即天地之生數。然伯陽專心修鍊，特借此以明作丹之意，初非爲易而設。蓋三輪不可以爲「兩儀」，五行不可以爲「四象」，其所謂易，專指坎離水火，非聖人「生生之易」也。唐真元妙經品有太極先天圖，合三輪五行爲一，而以三輪中一○，五行下一○，爲太極，又加以陰靜、陽動、男女、萬物之象，凡四大○。陰靜在三輪之上，陽動在三輪之下，三輪左離右坎者，水火既濟之象。二○上陰下陽者，天地交泰之象。鼎器歌云：陰在上，陽下奔。即此義也。男女、萬物皆在五行之下。與宋紹興甲寅朱震在經筵所進周子太極圖正同。今性理大全所載者，以三輪之左爲陽動，右爲陰靜，而虛其上下之二〇以爲太極，乃後人所改，非其舊也。此不在本義九圖之列。或曰：陳摶傳穆修，穆修傳周子。或曰：周子所自作，而道家竊之以入藏。疑不能明，存而弗論云。

右論二用三五。

參同契曰：「言不苟造，論不虛生。引驗見效，校度神明。推類結字，原理爲徵。坎戊月精，離己日光。日月爲易，剛柔相當。土旺四季，羅絡始終。青赤白黑，各居一方。皆禀中宮，戊己之功。」彭曉曰：「『坎戊月精』者，月陰也，戊陽也，乃陰中有陽，象水中生金虎也。『離己日光』者，日陽也，己陰也，乃陽中有陰，象虎中生汞龍也。」陳顯微曰：「易卦納甲法，坎納六戊，離納六己，坎爲月，離爲日。故曰『坎戊月精，離己日光』。日月二字合爲易字，故曰『推類結字』，是皆『原理爲證』，而非虛造言論也。易既不外乎日月，丹豈不本乎坎離？然坎之與離，皆存戊己。古人云：都緣彼此懷真土，遂使金丹有返還。況『土旺四季，羅絡始終』，水火木金雖各居一方，而皆禀中宮土德也。張紫陽詩云：四象五行全藉土，土德之功大矣哉！蓋土者，金母也。知五行之俱歸於土，則知五行之俱變爲金，然後能會造化於中宮，種黃芽於后土矣。」晦朔之間，合符行中。混沌鴻濛，牝牡相從。滋液潤澤，施化流通。天地神明，不可度量。利用安身，隱形而藏。始於東北，箕斗之鄉。旋而右轉，嘔輪吐萌。潛潭見象，發散清光。昴畢之上，震出爲徵。陳顯微曰：「晦朔之間，當合符行中，如混沌鴻濛，不可度量。蓋牝牡相從，滋液潤澤，施化流通之時也。豈可用功乎？故利用安身，隱形而藏，却自箕斗之鄉，嘔輪吐萌，發散輝光可也。寒山子詩云：不得露其根，根虛則子墜。蓋體用不同，施功亦異故也。」

聖人不虛生，上觀顯天符。天符有進退，詘伸以應時。故易統天心，復卦建始萌。長子繼父體，因母立兆丌。音其，薦物之具。消息應鍾律，升降據斗樞。三日出爲爽，震庚受西方。八日兑受丁，上弦平如繩。十五乾體就，盛滿甲東方。蟾蜍與兔魄，日月氣雙明。蟾蜍視卦節，兔者吐生光。七八道已訖，屈折低下降。十六轉就統，巽辛見平明。艮直於丙南，下弦二十三。坤乙三十日，東北喪其朋。節盡相禪與，繼體復生龍。壬癸配甲乙，乾坤括始終。七八數十五，九六亦相應。四者合三十，陽氣索滅藏。陳顯微曰：「魏君以一月之間月形圓缺喻卦象進退，自初三日爲一陽，初八日爲二陽，十五則三陽全而乾體就；十六則一陰生，二十三則二陰生，三十日則三陰全而坤體成。昴畢在西方庚位，每月初三日，月現微明於西方庚位，應震之一陽初生，而周易納甲法震卦納六庚，其造化之理參合如此。初八日，月現上弦於南方丁位，應兑卦二陽生，而納甲法則兑納六丁。以至十五日，月滿於東方甲位，則乾卦又納六甲。其時卦備三陽，三五之道已終。則滿者虧而伸者屈，高者低而升者降。至十六日一陰生，而當陰用事，月於平旦現在西方辛位，以應巽卦納辛。至二十三日，月於平旦現南方丙位，應艮卦納丙。至三十日，月没東方乙位，應坤卦納乙。節盡則又相禪與，陽復用事。」俞琰曰：「火候之妙，有未易明言者，於是古之至人觀天之道，設爲法象以示人，以天地喻鼎器，以日月喻藥物，以日月往來喻火候。月行於天，一月一度，與日交合，故謂天符。應時者，十二時也。月自初一以後光漸進，魂長魄消，陰屈陽伸，象一日之子至巳。十六日以後光漸退，魄長魂消，陰伸陽屈，象一日之午至亥。火候進退屈伸猶是也。」謬誤失事緒，言還自敗傷。别序斯四象，謂七八九六。以曉後生盲。八卦布列曜，運移不失中。元精眇難睹，推度效符徵。上觀天河今本作河圖，非。文，下序地形流。中稽於人心，參合考三才。陳顯微曰：「上察天文，下察潮候，中稽人心。」俞琰曰：「古之修丹者仰觀天文，俯察地理，中稽人心，於是虚吾心，運吾神，回天關，轉地軸，上應河漢昭回，下應海潮升降。天地雖大，而其日月星辰，五行八卦皆攢入於吾身，或爲爐鼎，或爲藥物，或爲火候。一反觀而三才皆備於我，未嘗外身而他求也。」動則觀卦節，静則因彖辭。乾坤用施行，天地然後治。」

鄒訢曰：「參同之説見一日之間有晦朔弦望。上弦者，氣之方息，自上而下也。下弦者，氣之方消，自下而上也。望者，氣之盈，日沈於下，而月圓於上也。晦朔之間者，日月之合乎上下，所謂『舉水以滅火，金來歸性初』之類是也。」又曰：「參同本不爲明易，借納甲之法以寓行持進退之候。云甲乙丙丁庚辛者，乃以月之昏旦出没言之，非以分六卦之方也。」

朱子答袁機仲書曰：「參同契所言納甲之法，則今所傳京房占法，見於火珠林者，是其遺説。此雖非爲明易而設，然易中無所不有。苟其言自成一説，可推而通，則亦無害於易，恐不必輕肆詆排也。」

參同契納甲圖

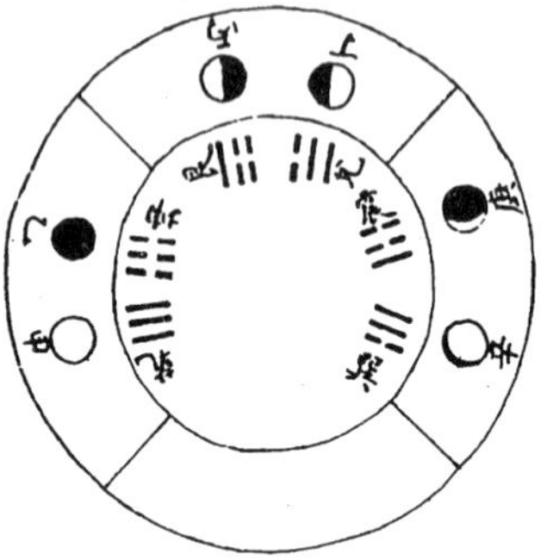

漢上納甲圖

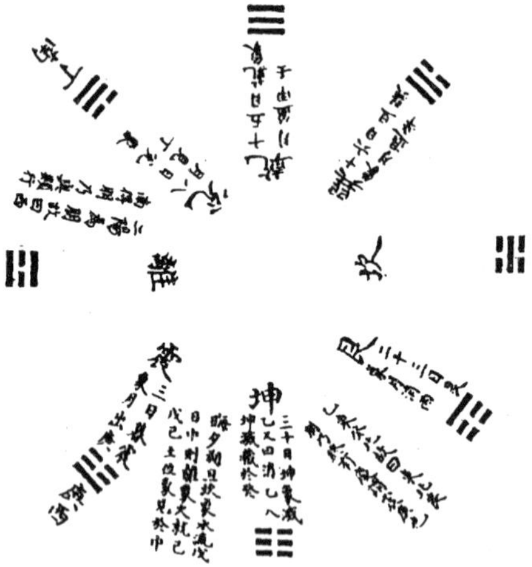

漢上朱氏周易卦圖說曰：「納甲，何也？曰：舉甲以該十日也。乾納甲壬，坤納乙癸，震巽納庚辛，坎離納戊己，艮兑納丙丁，皆自下生。聖人仰觀日月之運，配之以坎離之象，而八卦十日之義著矣。」

繫辭傳：「懸象著明，莫大乎日月。」虞翻曰：「謂日月懸天成八卦象。三日暮震象月出庚，八日兑象月見丁，十五日乾象月盈甲壬；十六日旦巽象月退辛，二十三日艮象月消丙，三十日坤象月滅乙。晦夕朔旦則坎，坎象水流戊；日中則離，離象火就己。戊己土位，象見於中。」「日月相推而明生焉。」坤象：「西南得朋。」虞曰：「陽喪滅坤，坤終復生。此指説易道陰陽之大要也。」又曰：「消乙入坤，滅藏於癸。」

新定月體納甲圖

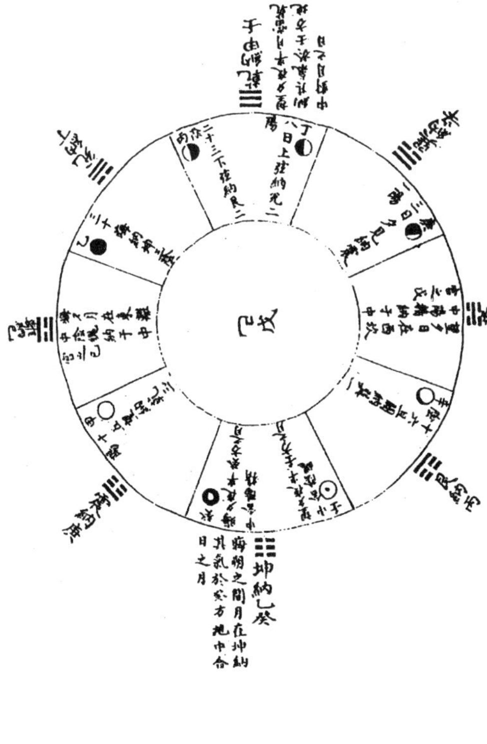

按，鄒訢注本圖悉删去，唯存納甲一環。蓋以彭本之昏見晨見合而爲一圖也。甲乙丙丁庚辛，指月昏旦出没之方，而圖移六卦於月體之下，悖矣。漢上圖較勝，然坎離寄納戊己，乾坤兼納壬癸之義，皆不能有所發揮。因更定附列於左，而爲之説焉。

按，納甲者，始於京房之積算，以甲爲十干之首，舉一干以該其餘，故謂之納甲。魏伯陽以月象附會之，以寓丹家行持進退之候。蓋以月之明魄多少，取象於卦畫，而以所見之方爲所納之甲。震一陽始生，於月爲生明◐，三日夕出於庚，故曰「震納庚」。謂一陽之氣納於西方之庚也。兑二陽爲上弦◐，八日夕見於丁，故曰「兑納丁」。謂二陽之氣納於南方之丁也。乾純陽爲望○，十五夕盈於甲，故曰「乾納甲」。謂三陽之氣納於東方之甲也。此望前三候陽息陰消之月象也。月分六候，每五日爲一候。巽一陰始生，於月爲生魄◑，十六旦明初退於辛，故曰「巽納辛」。謂以一陰之氣納於西方之辛也。退二陰爲下弦◑，二十三旦明半消於丙，故曰「艮納丙」。謂二陰之氣納於南方之丙也。坤純陰爲晦●，三十旦明盡滅於乙，故曰「坤納乙」。謂三陰之氣納於東方之乙也。此望後三候陽消陰息之月象也。離爲日，日生於東，故離位乎東；坎爲月，月生於西，故坎位乎西。至望夕則日西月東，坎離易位，其離中一陰即是月魄，坎中一陽即是日光，東西正對，交注於中。此二用之氣所以納戊己也。故曰「坎戊月精，離己日光。日月爲易，剛柔相當」，「蟾蜍與兔魄，日月氣雙明」也。乾納甲而又納壬，坤納乙而又納癸者，何也？謂乾之中畫即太陰之精，「望夕夜半月當乾，納其氣於壬方地中，對月之日」；坤之中畫即太陽之精，「晦朔之間日在坤，納其氣於癸方地中，合日之月」也。徐敬可云：「望夕之陽既盈於甲矣，其夜半日行至壬，而月與爲衡。日中原有陰魄，所謂離中一陰者，平時含蘊而不出，至是則盛陽將革，又感正對之陰，乃充溢流滋而爲生陰之本。故其象爲☉，即望夕夜半壬方之日也。晦旦之陽既盡於乙矣，其夜半日行至癸，而月與同躔。月中原有陽精，所謂坎中一陽者，平時胚渾而不分，至是則盛陰將革，又感摩戛之陽，乃剖發迸洩而爲生陽之本。故其象爲●，即晦朔間癸方之月也。故曰：『壬癸配甲乙，乾坤括始終。』此尤易象之要樞也。」

「七八數十五，九六亦相應。四者合三十，陽氣索滅藏。」蓋即明堂九室縱橫十五之數，雖不言九宮，而九宮在其中矣。橫言之，二四爲六之與九也；三五爲八之與七也；一八爲九之與六也；七八、九六皆十五也。縱言之，三四爲七之與八也；一五爲六之與九也；二六爲八之與七也；七八、九六皆十五也。四維斜對言之，二五爲七之與八也；四五爲九之與六也；七八、九六皆十五也。七八數十五，九六數亦十五，合之爲三十，當一月之日數。陽氣，謂日光也。月本無光，感日之明以爲光。明，陽也；

魄，陰也。三日生明，十五而望；十六生魄，三十而晦。故曰：「四者合三十，陽氣索滅藏。」索者，盡也。謂月所感日之光至是盡滅，全體皆魄也。此雖言月體之消長，而未嘗不合於九宮之數。然其卦則以子午爲綱，卯酉爲緯，所謂「乾坤定上下之位，離坎列左右之門」者是也。與明堂九室之卦位不同，觀漢上納甲圖，用乾南坤北，離東坎西之位，則可知矣。彭本有九宮八卦圖，舉二者合而爲一，殊覺齟齬。

「上觀天河文，下察地形流」，注家皆以「天河文」爲雲漢，「地形流」爲海潮。今本云「上觀河圖文」，蓋後人妄改，以應九爲河圖之説。河圖非天象，安得云上觀？其爲俗子點竄可知。且淳于叔通五相類曰：「法象莫大乎天地兮，玄溝數萬里。河鼓臨星紀兮，人民皆驚駭。」俞琰注云：「玄溝者，天河也。自箕、尾之間，至柳、星之分，介斷天盤，不知幾萬里。修丹者法天象地，反身而求，則身中自有一壺天也。河鼓星位在天河邊斗、牛之間，星紀，天盤之丑位也。丹法：火臨於丑，則驅回尾穴連雲欲，趕入天衢直上奔，其氣自尾閭升於泥丸也。正當斬關出路之時。一身之人民，豈不竦然驚駭乎？」觀此文及注，則「天河」正有精義，不得作「河圖」。以是知七八九六，伯陽特以爲晦朔弦望之候。雖有「别序斯四象」句，而實於河圖之四象絶無交涉也。

右論月體納甲。

呂純陽沁園春丹詞：按，宋史陳摶傳：關西逸人呂洞賓，世以爲神仙，數來摶齋中。希夷丹道，豈即純陽所授邪？詞云：不因師指，此事爭知。蓋雖有希夷之風骨，不遇神仙，終難成就。金丹歲晚無消息，能不重歎乎？「七返還丹，在人先須煉己待時。」

石澗俞氏曰：「七，火數也。煉丹之法，其先以紅投黑，而生藥。既有藥，然後進火，煉黑入紅而成丹，故曰『七返還丹』。即非自寅至申之七時也。張紫陽悟眞篇云：『金公本是東家子，送在西鄰寄體生。認得喚來歸舍養，配將姹女作親情。』是此義也。」

「離騷遠遊篇云：『毋滑而魂兮，彼將自然。一氣孔神兮，於中夜存。虛以待之兮，無爲之先。』即『煉己待時』之謂也。要在收視返聽，寂然不動，凝神於太虛，無一毫雜想。少焉神入氣中，氣與神合，則眞息自定，神明自來，不過片晌間耳。邵康節先天吟云：『若問先天一字無，後天方要著工夫。』丹法亦然。採藥於先天則無爲，進火於後天則有爲，不可以一律齊也。」

「正一陽初動，中宵漏永，溫溫鉛鼎，光透簾帷。」

俞氏曰：「白紫清珠玉集丹髓歌云：『煉丹不用尋冬至，身中自有一陽生。』然吾何以知身中之一陽生也？蓋彈指聲中，巽門豁開，而心覺恍忽之時是也。吾於此時，鼓之以橐籥，煅之以猛火，則眞鉛出坎，而河車不敢暫停，直運入崑崙峰頂，乃可以爲還丹。

邵康節恍忽吟云：『恍忽陰陽初變化，絪緼天地乍迴旋。中間些子好光景，安得功夫入語言。』非洞曉陰陽造化，疇克知此。」

「中宵，即半夜子時也。參同契云『含元虚危，播精於子』是也。又云『晦朔之間，合符行中』，謂三十日半夜子時之前，介乎晦朔之間也。若蹙之於一日，則每夜子時之前，即晦朔之間，初不拘於三十日之半夜也。悟真篇云：『日月三旬一遍逢，以時易日法神功。』其説明矣。鉛即藥也。鼎，謂下丹田也。子時將至，而陽氣潛萌於其下，所以温温也。簾帷者，眼也。垂眼下視有垂簾之象，故曰簾帷。惟丹田有藥而陽氣上升，透於兩眉之間，是以有光也。」

「造化爭馳，虎龍交媾，進火工夫牛、斗、危。」

俞氏曰：「『造化爭馳』，謂坤之末復之初也。參同契云：『龍呼於虎，虎吸龍精，兩相飲食，俱相吞并。』作丹之時，要在心息相依，然後神凝氣聚，交媾而爲藥。陳朝元玉芝書云：『玄黄若也無交媾，爭得陽從坎下飛。』故必陰陽交媾，丹田有藥，乃可以進火也。」

「牛、斗、危，乃身中火候之方位。謂進火工夫至寅而般運，如天之生物，胚胎於子，至寅而出也。參同契云：『始於東北，箕、斗之鄉。旋而右轉，嘔輪吐萌。』翠虚篇云：『有一子母分胎路，妙在尾、箕、斗、牛、女。』與此同旨。」

「曲江上見，月華瑩淨，有箇烏飛。」

俞氏曰：「翠虛篇云：『西南路上月華明，大藥還從此處生。記得古人詩一句，曲江之上鵲橋横。』古仙本以小腸有九盤十二曲，是爲曲江；而翠虛又以『西南路上』發明其説，可謂深切著明矣。蓋西南屬坤，坤爲腹。藥生於丹田之時，陽氣上達，麗於目而有光。故自目至臍，一路皆虛白晃耀，如月華之明也。」

『有箇烏飛』者，身中之天地交，坎離合，二氣絪緼，結成一滴露珠，而飛落丹田中也。陳希夷指玄篇云：『有箇烏飛入桂宮。』翠虛篇云：『紅蓮含蕊露珠凝，碧飛落華池滴滴。』

「當時自飲刀圭，謂但以服食爲事。又誰信無中養就兒。」即所謂「三家相見結嬰兒」也。

俞氏曰：「金丹大道至簡至易，於無中生有，養就嬰兒。如涕唾精津氣血液之類，止可接助以爲階梯，非丹質也。學者局於管見，往往以先入之説爲主，更不肯參究丹書，雖有道者欲與開發，孰爲之信？翠虛篇云：『怪事教人笑幾回，男兒今也會懷胎。自家精血自交結，身裏夫妻是妙哉！』蓋夫婦即陰陽之異名，非真有所謂夫婦也。或者偏執『竹破竹補』之説，遂謂『以人補人』，而專意於三峰邪術。又安信金丹乃清淨無爲之道，而專於無中生有哉！」

「辨水源清濁，木金間隔，不因師指，此事爭知。」

俞氏曰：「人身有一物分而爲二，其浮者爲木，沈者爲金，一東一西，故謂之間隔。若得斗柄之機斡運使之，上下循環，如天河之流轉，則木性愛金，金情戀木，而刑德並會不間隔矣。」按，人身之水有清有濁。東坡天慶觀乳泉賦謂：「若汗血涕洟涎沫之類，皆水之外騖者，一出而不復返。唯華池之真液下湧於舌底，而上流於牙頰，甘而不壞，白而不濁。宜古之仙者以是爲金丹之祖，長生不死之藥也。」故水源之清濁，不可以不辨。「木金間隔」，即「東家西鄰」之謂。

「悟真篇云：『饒君聰慧過顏、閔，不遇真人莫强猜。』蓋丹經所陳，或假物以明理，或設象以寓意，名義不同，學者卒然讀之，莫不有望洋之歎。且以五行言之，或曰金木，或曰水土，或曰水火，或曰金火，或曰金水，或曰木火，或曰水土，使人心目俱眩，誠不易知也。」

「道要玄微，天機深遠，下手速修猶太遲。」

俞氏曰：「丹道之要有二，曰交媾，曰進火。雖有先後次序，要皆一片功夫。天機，謂半夜子陽初動之時也。天機將至，人能動吾之機以應之，則天人合發，内外相符，結而爲丹矣。雖曰一日十二時，凡相交處亦皆可爲，而古仙必用半夜子陽初動之時者，其時太陽正在北方，而人身氣到尾閭關，蓋與天時相應。所謂盗天地，奪造化，惟此時爲然。乃若丑時，則太陽已偏，人身之氣已過尾閭矣；寅時則太陽已出地，人身之氣已過腎堂矣，皆不可用也。玉芝書云：『凡煉丹隨子時陽氣而起火，其火方全；餘外別時起火，其火不全。』斯言盡之矣。」

「蓬萊路仗，三千行滿，獨步雲歸。」尸解則能輕舉，然只成地仙，故歸名山洞府也。

俞氏曰：「『三千行滿』，謂九年三千日也。三千日内務要積功累行，十二時中不可須臾離道。劉虚谷還丹篇云『大功欲就三千日，妙用無虧十二時』是也。丹法片晌結胎，百日而功靈，周年而胎圓，九年而行滿，皆有程度，決無今日遇師，明日便能成仙之理。當知一年而小成，九年而大變。始而易氣，次而易血，次而易脈，次而易肉，次而易髓，次而易筋，次而易骨，次而易髮，次而易形，積九年而閲九變，煉盡純陰，變成純陽，然後可以遺世獨立，羽化而登仙也。」

渭按，丹家之煉己，一曰交媾，亦曰生藥採藥，又曰作丹，此其事在亥子之交。參同契云「晦朔之間，合符行中。混沌洪濛，牝牡相從」是也。進火，一曰起火，此其事在子丑之會。參同契云「始於東北，箕斗之鄉，旋而右轉，嘔輪吐萌」是也。陳致虚云：「人先須養性，乃可修命。臨爐一差百錯，總由煉己無功。」言生藥不可不早也。俞琰云：「凡法火臨於丑，則驅回尾穴連雲焰，趕入天衢直上奔。」言進火不可不力也。其於天地之撰，陰陽之義，水火之情，日月之運，亦可謂探其微而抉其奧矣。惜乎！其以聖人之大道而小試之也。惜乎！其以聖人之公心而私用之也。聖人能盡其性，則能盡人物之性，贊天地之化育，何其大也！丹家之功效止於一身，小之至矣。孔子曰：「死生有命。」又曰：「朝聞道，夕死可矣。」孟子曰：「夭壽不貳，修身以俟之。」張子曰：「存吾順事，没吾寧也。」聖人於死生之際，如是而已，何其公也！丹家日孳孳，唯以長生久視爲念，私亦甚矣。故謂丹道出於易則可，謂聖人之作易，意在明丹道則不可也。

右論煉己進火。

先天太極

清容袁氏桷謝仲直易三圖序曰：「上饒謝先生遯於建安，番易吴生蟾往受易，而後出其圖焉。建安之學爲彭翁，彭翁之傳爲武夷君，而莫知所受。或曰：託以隱祕，故謂之武夷君焉。始晁以道紀傳易統緒，截立疆理，俾後無以僞。至荆州袁溉道潔始受於薛翁，而易復傳。袁乃以授永嘉薛季宣士龍。始薛授袁時，嘗言河洛遺學多在蜀漢間。故士大夫聞是説者，爭陰購之。後有二張：曰行成，精象數，曰縯，通於玄。最後朱文公屬其友蔡季通如荆州，復入峽，始得其三圖焉。或言洛書之傳，文公不得而見。今蔡氏所傳書訖不著圖藏，其孫抗祕不復出。臨卭魏了翁氏嘗疑之，欲經緯而卒不可得。季通家武夷，今彭翁所圖疑出蔡氏。惜彭不具本始，謝先生名字今不著，其終也，世能道之。」

渭按，清容，博雅君子也。君子之言，信而有徵，故首著之。季通所得三圖，一爲先天太極圖無疑矣。其二蓋九宮圖與五行生成圖，而希夷未嘗名之曰洛書。故或言「洛書朱子不得見也」。謝枋得，字君直，信州弋陽人。宋末以江西招諭使知信州事，國亡變姓名遯入建陽。其後，人稍識之，被徵不就。福建行省參政魏天祐送至大都，遂不食而死。事具宋史本傳。仲直即君直也。清容以謝拒元命爲時所忌，故隱其名，復更其字。

天地自然之圖

趙氏撝謙六書本義曰：「天地自然之圖，虙戲氏龍馬負圖，出於滎河，八卦所由以畫也。易曰『河出圖，聖人則之』，書曰『河圖在東序』是也。此圖世傳蔡元定得於蜀之隱者，祕而不傳，雖朱子亦莫之見。今得之陳伯敷氏，嘗熟玩之，有太極函陰陽，陰陽函八卦之妙。」撝謙字古則，餘姚人，宋宗室，別號老古先生。名山藏作趙謙，云：「洪武初，聘修正韻。」

楊氏時喬周易全書曰：「趙氏圖書世競傳之爲真圖書，靈寶許公誥、郴陽何公孟春尤篤信之。獨季彭山本云：『朱子與蔡氏無書不講明，豈有祕不與言之理！』」

渭按，蔡氏所得之三圖，清容不言其形象，未知何如？據古則所傳，以爲蔡氏之所得，蓋三圖之中此居其一，名曰先天圖，亦曰太極圖，取參同契之月體納甲、二用、三五與九宮八卦混而一之者也。朱子發云陳摶以先天圖授种放，三傳而至邵雍，則康節之學實出於希夷。其所演以爲先天古易者，悉本此圖，可知也。後人謂之天地自然之圖，又謂之太極真圖。其環中爲太極，兩邊白黑回互，白爲陽，黑爲陰，陰盛於北而陽起薄之。故邵子曰：「震始交陰而陽生。」自震而離而兌，以至於乾，而陽斯盛焉。震東北，白一分黑二分，是爲一奇二偶；兌東南，白二分黑一分，是爲二奇一偶；乾正南，全白，是爲三奇純陽；離正東，取西之白中黑點，爲二奇含一偶，故云「對過陰在中」也。陽盛於南而陰來迎之，故邵子曰：「巽始消陽而陰生。」自巽而坎而艮，以至於坤，而陰斯盛焉。巽西南，黑一分白二分，是爲一偶二奇；艮西北，黑二分白一分，是爲二偶一奇；坤正北，全黑，是爲三偶純陰；坎正西，取東之黑中白點，爲二偶含一奇，故云「對過陽在中」也。坎離爲日月，升降於乾坤之間而無定位，納甲寄中宮之戊己，故東西交易與六卦異也。八方三畫之奇偶，與白黑之質次第相應，天工乎？人巧乎？其自然而然之妙，非竊窺造化陰陽之祕者，亦不能爲也。但不可指以爲伏羲之河圖耳。

或問：朱子謂希夷之學源出參同契，何以知其然乎？曰：即其陰陽盛衰之數，以推晦朔弦望之氣，而知其理有若合符節者矣。陽氣生於東北，而盛於正南，震、離、兑、乾在焉，即望前三候，陽息陰消之月象也。陰氣生於西南，而盛於正北，巽、坎、艮、坤在焉，即望後三候，陽消陰息之月象也。陰極於北，而陽起薄之，陰避陽故回入中宮，而黑中復有一點之白。陽極於南，而陰來迎之，陽避陰故回入中宮，而白中復有一點之黑。蓋望夕月東日西，坎離易位；其黑中白點即是陽光，白中黑點即是陰魄。東西正對，交注於中，此二用之氣所以納戊己也。舉參同千言萬語之玄妙，而括之以一圖，微而著，約而賅，丹家安得不私之爲祕寶，而肯輕出示人耶？

自种放之後，儒者受此圖皆有所變通恢廓，而非復希夷之舊。唯蜀之隱者得其本真，私相授受，以爲丹家之要訣，箋叟醬翁之徒是也。故雖朱子之博洽，亦不得見，而必屬季通入峽求之。蓋即酷愛參同契之意，以爲坐談龍肉不如喫豬肉而飽也。其終不以爲河圖而列諸經首者，蓋以圖出希夷，源自伯陽，不若根柢大傳五十有五之數爲得其正耳。非季通祕之而不與言也。

古太極圖

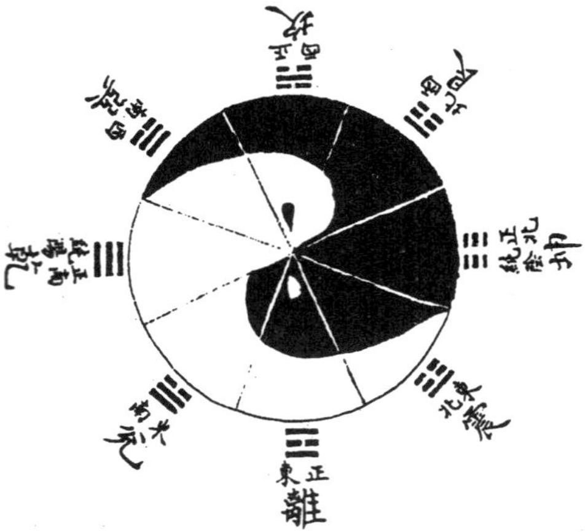

趙氏仲全道學正宗曰：「古太極圖陽生於東而盛於南，陰生於西而盛於北，陽中有陰，陰中有陽，而兩儀，而四象，而八卦，皆自然而然者也。」

按，潛溪宋氏濂曰：「新安羅端良願羅願，字端良。作陰陽相含之象，就其中八分之以爲八卦，謂之河圖；用井文界分九宮，謂之洛書。言出於青城山隱者，然不寫爲象。」今觀趙氏此圖，正所謂「陰陽相含，就中八分之以爲八卦」者。青城隱者之所授，當亦如此。然不著陰陽分數，視古則爲疎略。其不曰河圖，而謂之古太極圖，何也？蓋其時既從啓蒙以五十五數爲河圖，而濂溪又自有所爲太極圖者，故不名河圖，曰太極圖而加「古」以别之。

先天圖雖丹家修煉之訣，然亦必得其人而傳之，非其人則不傳也。故宋初唯种放、穆修受希夷之學，而他無聞焉。其後穆修授李之才，之才授邵雍，而天下始知有象數之學，即上所列二圖是也。亦曰太極圖，或謂之河圖。有蔣公順字得之者，魏鶴山之門人也。著論以先天圖爲河圖，五行生成數爲洛書，戴九履一爲太一下行九宮圖。鶴山云：此亦是一說。希夷之所授受，盡於此矣。而説者謂此外别有河圖、洛書，种放得之以傳李溉及許堅，不亦謾乎？溉惟有卦氣圖，見漢上周易卦圖，云：其説源於易緯是類謀。而堅無所著，不知其説云何？今觀范諤昌、劉牧之言，則皆祖述僞龍圖者也，與希夷之學相去逕庭矣。蓋自种放既没，天禧以後，龍圖託名希夷，當世翕然宗之。邵子之書雖得真傳，而變通恢廓，多所自得。良工不示人以朴，人莫測其所從來。其流傳蜀漢間者，又不過二三隱淪私〔一〕爲養生之訣，儒者無過而問焉，非若劉牧之徒，造作文字，更相標榜，以簧鼓天下也。故朱子雖力辨劉牧之非，而終不能脱龍圖之窠臼；逮乎晚年始覺其妄，遂令季通入峽，購得三圖耳。蔡氏祕不肯出，及元末明初復見於世。雖無當於聖人之易，而源出參同，猶勝龍圖之怪誕。彼疑清容、二趙之言爲不足信者，得吾説而思之，夫亦可渙然釋矣。

右論希夷先天圖。

〔一〕「私」，經解本作「法」。

易圖明辨卷四

龍圖

希夷陳先生龍圖序曰：「且夫龍馬始負圖，出於羲皇之代，在太古之先也。今存已合之位尚疑之，况更陳其未合之數邪？然則何以知之？答曰：於夫子三陳九卦之義，探其旨，所以知之也。况夫天之垂象，的如貫珠，少有差則不成次序矣。故自一至於盈萬，皆纍纍然如繫之於縷也。且若龍圖便合，則聖人不得見其象，所以天意先未合而形其象，聖人觀象而明其用。是龍圖者，天散而示之，伏羲合而用之，仲尼默而形之。始龍圖之未合也，惟五十五數。上二十五，天數也。中貫三五九，外包之十五，盡天三天五天九并十五之位，後形一六無位，又顯二十四之爲用也。兹所謂天垂象矣。下三十，地數也，亦分五位，皆明五之用也。十分而爲六，形地之象焉。六分而成四象，地六不配。在上則一不配，形二十四。在下則六不用，亦形二十四。後既合也，天一居上爲道之宗，地六居下爲器之本，三幹地二地四爲之用。本注：參，一三五，天數，合九，乾元用九也。兩，二四，地數，合六，坤元用六也。三若在陽則避孤陰，在陰則避寡陽。本注：成八卦者三位也。上則一三五爲三位，二四無中正，不能成卦，爲孤陰。下則六八十爲三位，七九無中正，不能成卦，爲寡陽。三皆不處，若避之也。大矣哉！龍圖之變，岐分萬塗。今畧述其梗槩焉。」

仲尼默示三陳九卦：

履，德之基。序卦次十，明用十示人，以辨上下。

謙，德之柄。次十五，明用十五示人，以裒多益寡。

復，德之本。次二十四卦，示氣變之始。

恒，德之固。下經次二卦，示形化之始。

損，德之修。益，德之裕。此二卦示人以盛衰之端。

困，德之辨。井，德之地。此二卦示人以遷通之義。

巽，德之制。巽以行權。權者，聖人之大用也。因事制宜，隨時變易之義備矣。

按，李邯鄲淑書目有易龍圖一卷，陳摶撰。朱子以爲假書，其序則録於宋文鑑。劉靜修云：「龍圖之説未必出於劉牧之前。牧受龍圖於范諤昌，諤昌傳自李溉、許堅，則其書固先牧而出。呂伯恭從而誤信之，猶張敬夫爲戴師愈所欺也。希夷未聞有書。」宋史隱逸傳：

「陳摶好讀易，著指玄篇，言導養及還丹之事。」而無所謂龍圖者。今觀其序之荒謬，則有不可勝言者。「未合之數」，以爲探三陳九卦之旨而得之。夫三陳九卦於「河出圖」之義有何干涉？比擬不倫，殊爲可笑。又云：「若龍圖本合，則聖人不得其象，故天必先散而示之」。夫以聖人之智，天即合而示之，聖人豈不能見其所分？且使天合而聖人果不能見其所分，當其散也，聖人又豈能合而用之邪？狂瞽之談，不足深辨。而宋景濂謂：「序非圖南不能作。」甚矣！儒者之易愚，非獨一吕伯恭也。餘姚黄先生云：「河出未合之圖，聖人合而用之，是伏羲畫卦又畫圖也。」一言破的，此書之僞妄，灼然可覩矣。

三陳九卦之義，其有合於龍圖者，不可曉。雖然，彼既妄言之，吾不妨妄解之。蓋「天地未合之數」，「已合之位」，一陳也；「龍馬負圖」，二陳也，所謂「散而示之」者也；伏羲重定五行生成之數，地上八卦之體，三陳也，所謂「合而用之」者也。詳見後。仲尼不明言，而於大傳三陳九卦以微示其意，故曰「默而形之」。作僞者之肺腸容或如此。舊注泥九卦立解，則穿鑿無理甚矣！

東都事略儒學傳：「陳摶讀易，以數學授穆修；以象學授种放，放授許堅，堅授范諤昌。」

按，馬令南唐書：「許堅，不知其家世。或曰：晉長史穆之裔。形陋而怪，或寓廬阜白鹿洞，幘巾芒屩，短襴至骭，亦無賫裝，唯自負布囊，常括不解。每沐浴不脱衣，就澗浴，出而暵之。癖嗜魚，得大魚則全體而烹，不加醯鹽，熟而啗之。後或居茅山，或居九華，適意往返，人不能測。舊與錢若水善。若水後因轉輓江南，遇堅於簡寂觀，勉之以仕，則顰蹙不答。堅嘗至陽羨，人不之識。一日涉西津，臨波闊步，若平地然。衆始神之，不知其所往云。」此亦是神仙面目，絶無儒者氣象。其自託於希夷之徒，有以也。

宋史儒林傳：朱震有漢上易解，云：「种放以河圖、洛書授李溉，溉傳許堅，堅傳范諤昌，諤昌傳劉牧。牧陳天地五十有五之數。」其論圖書授受源委如此，蓋莫知其所自云。

晁氏讀書志：「易證墜簡一卷，天禧中毘陵從事范諤昌撰。自謂其學出於湓浦李處約、廬陵許堅。」陳氏書録解題又有易源流圖一卷。

按，東都事略言陳摶「以象學授种放，放授許堅。」象學者，河圖、洛書也。而朱震云：「放以圖、書授李溉，溉傳許堅，堅傳范諤昌，諤昌傳劉牧。」晁公武云：諤昌自謂其學出於李處約、許堅。其説互異。溉與處約不知是一是二，諤昌又不言處約傳自誰氏，中間授受不甚分明，識者疑之。昔孟喜得易家候陰陽災變書，詐言師田生，且死時枕喜厀，獨傳喜。又蜀人趙賓爲易，持論巧慧，非古法，云受孟喜，喜爲名之，賓死，喜因不肯仞。見漢書儒林傳。蓋曲學授受之際，往往多依託隱諱，不可考究。李、許之學自附於种放，其亦田生獨傳，孟喜不仞之類乎？

空山雷氏思齊易圖通變曰：「由漢而唐，易經行世，凡經傳疏釋之外，未有及於圖、書之文刊列經首者。迨故宋之初，陳摶圖南始創意推明象數，自謂因玩索孔子三陳九卦之義，得其遠旨，新有書述，特稱龍圖離合變通圖。第一爲龍馬圖，餘二十，是全用大傳天地五十有五之數，雜以納甲，貫穿易理。內一圖謂形九宮，附一圖謂形洛書者，則盡去其五生數，祇起地六至地十。自釋十爲用十，爲成形，故洪範陳五行之用數語而已。及終其書再出兩圖，其一形九宮者，元無改異，標爲河圖；其一不過盡置列大傳五十有五之數於四方及中，而自標異，謂爲洛書。並無傳例言説。」

「圖南之後种放、許堅、李溉，未及見其它有著述。若劉長民所親授之師，如范諤昌所著大易源流，其稱『龍馬負圖出河，羲皇窮天人之際，重定五行生成之數，地上八卦之體。故老子自西周傳授孔子。造易之原，天一正北，地二正南，天三正東，地四正西，天五正中央。地六配子，天七配午，地八配卯，天九配酉，地十配中寄於未，乃天地之數五十有五矣』。因考其既以圖之前五數置於北南東西之正及中，復以後五數配子午卯酉及中，何也？夫子午卯酉，非四方之正邪？地十配中，云『寄於未』，夫中抑有未邪？諦詳所置之數，正今圖所傳有四方而無四維者。是諤昌元不識圖南所以標異，特因太玄準易，取於洪範一水二火三木四金五土而然，鑿空無故，造端老子，增立怪論，以實圖南易置二七四九之位耳。」

按，雷氏所言，則似親見龍圖之書者，然不著其形象，唯清江張氏易象圖說載之頗詳。謹列如左：

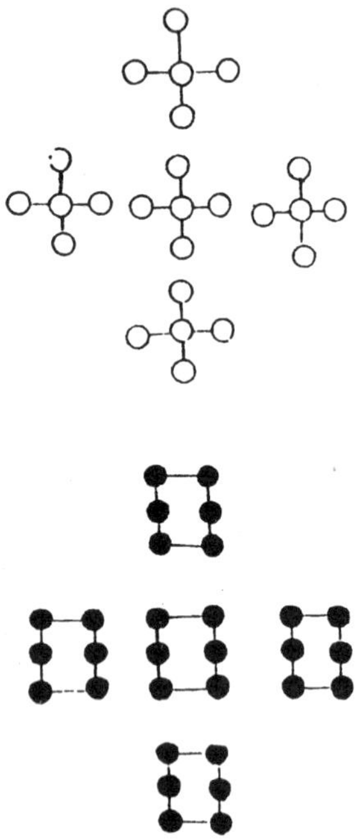

右龍圖天地未合之數

張氏曰：「上位，天數也。天數中於五，分爲五位，五五二十有五。積一三五七九，亦得二十五焉。五位縱横見三，縱横見五；三位縱横見九，縱横見十五。序言『中貫三五九，外包之十五』者，此也。下位，地數也。地數中於六，亦分爲五位，五六凡三十。積二四六八十，亦得三十焉。序言『十分而爲六，形地之象』者，此也。」

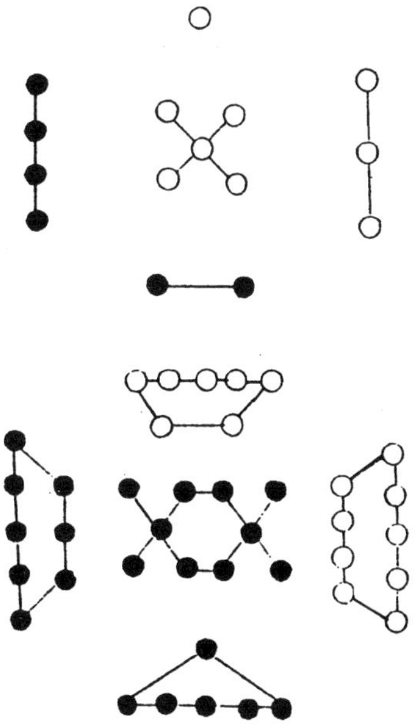

右龍圖天地已合之位

張氏曰：「上位，象也。合一三五爲參天，偶二四爲兩地，積之凡十五，五行之生數也。即前象上五位，上五去四得一，下五去三得二，右五去二得三，左五去一得四，惟中五不動。序言『天一居上爲道之宗』者，此也。案，律曆志云：『合二始以定剛柔，一者陽之始，二者陰之始。』今則此圖其上天○者，⚊之象也；其下地●●者，⚋之象也；其中天○○○○○者，四象五行也。左上一○，太陽爲火之象：，右〔一〕上一○，少陰爲金之象：，左下一○，少陽爲木之象：，右下一○，太陰爲水之象：，土者沖氣居中，以運四方，暢始施生，亦陰亦陽。右旁∘∘∘，三才之象，卦之所以畫三：，左旁●●●●，四時之象，蓍之所以揲四。是故上象一二三四者，蓍數卦爻之體也。下位，形也。九八七六，金木水火之成數。中見地十，土之成數也。即前象下五位，以中六分開，置一在上，六而成七：，置二在左，六而成八：，置三在右，六而成九：，惟下六不配，而自爲六。序言『六分而成四象，地六不配』者，此也。案，七者蓍之圓，七七而四十有九：，八者卦之方，八八而六十有四：，九者陽之用，陽爻百九十二：，六者陰之用，陰爻亦百九十二：，十者，大衍之數以五乘十，以十乘五，而亦皆得五十焉。是故下形六七八九者，蓍數卦爻之用也。上體而下用，上象而下形，象動形靜，體立用行，而造化不可勝既矣。」

「案，一二三四天之象，象變於上：，六七八九地之形，形成於下。上下相重，而爲五行，則左右前後生成之位是也。上下相交，而爲八卦，則四正四隅九宮之位是也。今以前後圖參考，當如太乙、遁甲陰陽二局圖。一二三四猶遁甲『天盤在上，隨時運轉』，六七八九猶遁甲『地盤在下，布定不易』，法明天動地靜之義，而前此諸儒未有能發其旨。是故一在南起，

〔一〕「右」，原作「左」，據經解本、粵雅堂本改。

法天象動而右轉，初交一居東南，二居西北，三居西南，四居東北；四陽班布居上右，四陰班布居下左，分陰分陽，而天地設位。再交一居東北，二居西南，三居東南，四居西北，則牝牡相銜，而六子卦生。合是二變，而成先天八卦自然之象也。然後重爲生成之位，則一六、二七、三八、四九陰陽各相配合。即邵子、朱子所述之圖也。三交一居西北，二居東南，三居東北，四居西南，則剛柔相錯，而爲坎、離、震、兑。四交一居西南，二居東北，三居西北，四居東南，則右陽左陰，而乾坤成列。合是二變，而成後天八卦裁成之位也。再轉則一復於南矣。大傳所謂：『參伍以變，錯綜其數。』劉歆云：『河圖、洛書相爲經緯，八卦九章相爲表裏。』此其義也。」

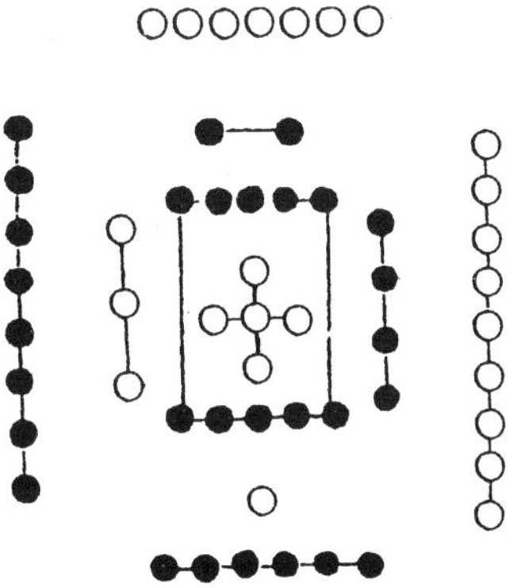

右龍圖天地生成之數

張氏曰：「此即前圖一二三四天之象也，動而右旋；六七八九地之形也，靜而正位。是故一轉居北，而與六合；二轉居南，而與七合；三轉居東，而與八合；四轉居西，而與九合；五十居中，而爲天地運行之樞紐。大傳言『錯綜其數』者，蓋指此而言。錯者，交而互之，一左一右，三四往來是也。綜者，總而挈之，一低一昂，一二上下是也。分作二層看之，則天動地靜上下之義昭然矣。」

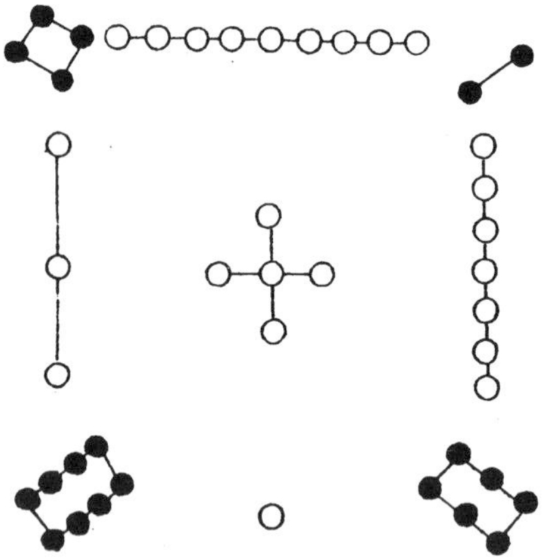

右河洛縱橫十五之象

張氏曰：「洪範：『初一曰五行，次二曰敬用五事，次三曰農用八政，次四曰協用五紀，次五曰建用皇極，次六曰乂用三德，次七曰明用稽疑，次八曰念用庶徵，次九曰嚮用五福，威用六極。』漢儒以此六十五字爲洛書本文。而希夷所傳則以此爲龍圖三變，天地未合之數，一變也；已合之位，二變也；龍馬負圖，三變也。以生成圖爲洛書本文。蓋疑傳寫之誤，而啓圖九書十之辨。今以二象兩易其名，則龍圖、龜書不煩擬議而自明矣。」

按，以上四圖並見易象圖說內篇，清江張理仲純所著也。其第一爲天地未合之數，上位以五五爲天數二十有五，下位以五六爲地數三十。蓋漢律曆志云：「天之中數五，地之中數六。」故依託爲此圖也。第二爲天地已合之位，上位一上二下，四左三右，五居其中，即劉牧所謂「上下未交之象」也。及其已交，則天一下生地六，地二上生天七，天三左生地八，地四右生天九。故下位六七八九十，皆以生數乘中五而得之，即劉牧之洛書五行成數也。其縱橫十五之象，本龍圖三變，劉牧所謂「龍馬負圖」是也。雷氏以爲河圖，張氏易其名曰洛書。天地生成之數，即范諤昌所謂「羲皇重定五行生成之數，地上八卦之體」者也。雷氏以爲洛書，張氏易其名曰河圖。今攷之本書，縱橫十五之象，九數各居一位，故序曰：「天散而示之。」天地生成之數，一六、二七、三八、四九、五十皆耦居一方，故序曰：「伏羲合而用之。」河圖之數四十有五，洛書五十有五，本象元自如此。張氏宗啓蒙，恐啓圖九書十之辨，故疑爲傳寫之誤，而兩易其名。然劉牧師范諤昌，諤昌師李溉、許堅，三傳弟子，一脈相承，使圖、書果如張氏所列，而牧輒兩易之，是入室而操戈也。其何以取信於當世，而學者翕然宗之乎？西山謂「圖九書十出於劉牧之意見」，非也，而張氏宗之，亦過矣。

易圖以白爲陽，黑爲陰，自參同水火匡廓始，其後先天太極圖亦然，而龍圖則獨用奇白偶黑之點。序曰「天之垂象，的如貫珠」，「自一至於盈萬，皆纍纍然如繫之於縷也」。因於點間爲墨絲以聯絡之，使若貫珠然，思之可發一笑。前此未有此狀，圖出希夷之後，是亦一證也。雷氏不知龍圖源出溢、廬，非華山道士所作，故以爲希夷必不如此，而歸其罪於諤昌，此亦莫須有之獄。至以「重定五行生成之數」，爲「老子自西周傳孔子」，不知出何典記？「鑿空造端，增立怪論」，誠有如雷氏所譏者，諤昌直一妄人耳。語曰：不知其形視其景，景曲則形必曲。觀諤昌之言，則李、許之爲人從可知矣。

右論龍圖。

易數鉤隱圖

三衢劉氏牧鉤隱圖序曰：「夫易者，陰陽氣交之謂也。若夫陰陽未交，則四象未立，八卦未分，則萬物安從而生哉！是故兩儀變易而生四象，四象變易而生八卦，重卦六十四卦，於是乎『天下之能事畢矣』。夫卦者，聖人設之觀於象也。象者，形上之應。原其本則形由象生，象由數設，捨其數則無以見四象所由之宗矣。是故仲尼之贊易也，必舉天地之極數，以明『成變化而行鬼神』之道，則知易之爲書，必極數以知其本也。詳夫注疏之家，至於分經析義，妙盡精研，及乎解釋天地錯綜之數，則語惟簡略，與繫辭不偶，所以學者難曉其義也。今採摭天地奇偶之數，自太極生兩儀而下，至於復卦，凡五十五位，點之成圖，於逐圖下各釋其義，庶覽之者易曉耳。夫易道淵邈，雖往哲難窺於至賾。牧也蕞生，祖述誠媿其狂簡。然象有定位，變有定數，不能妄爲之穿鑿耳。博雅君子試爲詳焉。」

晁氏讀書志曰：「易解十五卷，劉牧長民撰，仁宗時言數者皆宗之。慶曆初，吴祕獻其書於朝，優詔獎之，田况爲序。又有鉤隱圖三卷，皆易之數也。凡五十五圖并遺事九。有歐陽永叔序，而其文殊不類。」

渭按，歐公與劉牧同時，位尊望重，不信圖、書，乃祖述鉤隱者之所憂，故其序託名歐公以欺世，千載而下，黨同作僞者之肺肝，猶如見之也。

三百年來，學者唯知有本義卷首所列之圖、書，而不復問其原委，故余詳考龍圖及鉤隱，以著謬種所自出，使學者參觀而猛省焉，非爲其有當於聖人之易而録之也。

太皞氏授龍馬負圖此即龍圖縱横十五之象。

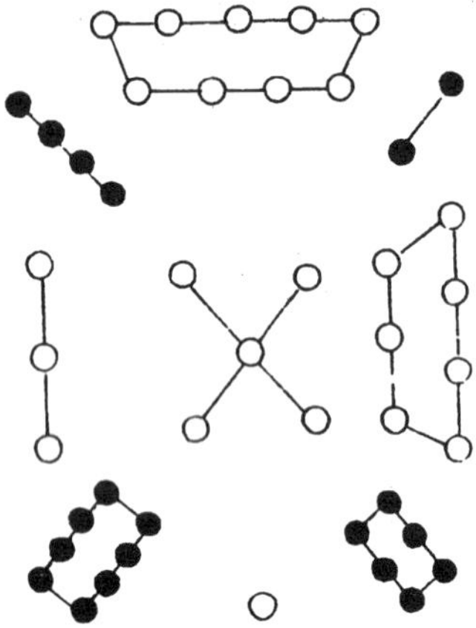

劉氏曰：「昔虙犧氏之有天下，感龍馬之瑞，負天地之數出於河，是爲龍圖者也。戴九履一，左三右七，二與四爲肩，六與八爲足，五爲腹心，縱横數之，皆十五。蓋易繫所謂『參伍以變，錯綜其數』者也。太皞乃則而象之，遂因四正定五行之數。以陽氣肇於建子，爲發生之源；陰氣萌於建午，爲肅殺之基。二氣交通，然後變化，所以生萬物焉，殺萬物焉。且天一生坎，地二生離，天三處震，地四居兑，天五由中，此五行之生數也。且孤陰不生，獨陽不發，故子配地六，午配天七，卯配地八，酉配天九，中配地十。既極五行之成數，遂定八卦之象，因而重之以成六十四卦三百八十四爻。此聖人設卦觀象之奥旨也。」

「今龍圖其位有九，四象八卦皆所包藴。且其圖縱横皆合天地自然之數，則非後人能假僞而設之也。」

河圖兩儀此即龍圖天地已合之上位，而虚其中也。

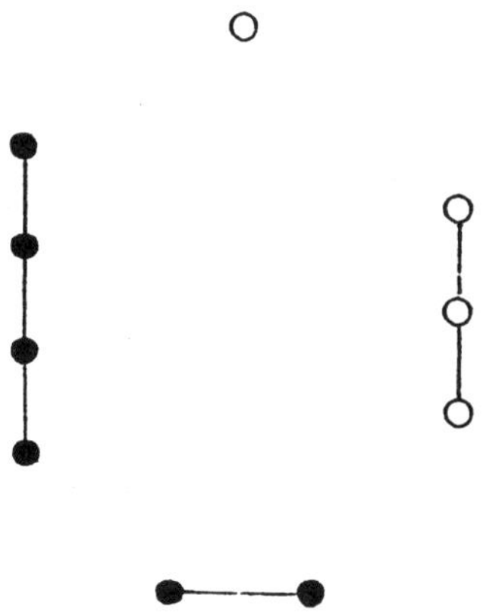

河圖四象

此即龍圖天地已合之下位，而虛其中也。

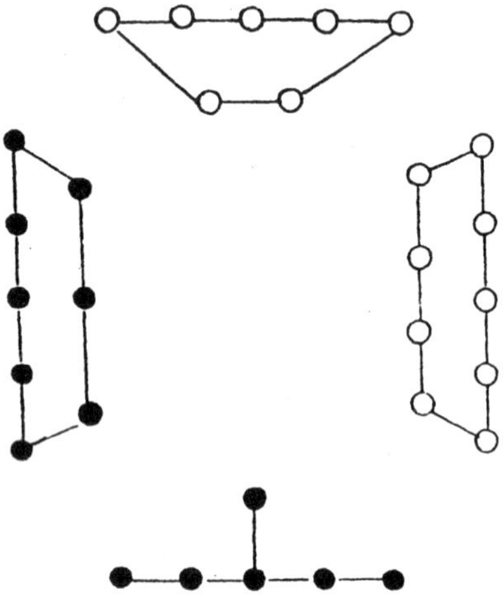

河圖八卦〔一〕

關子明則圖畫卦之說，與此無異。

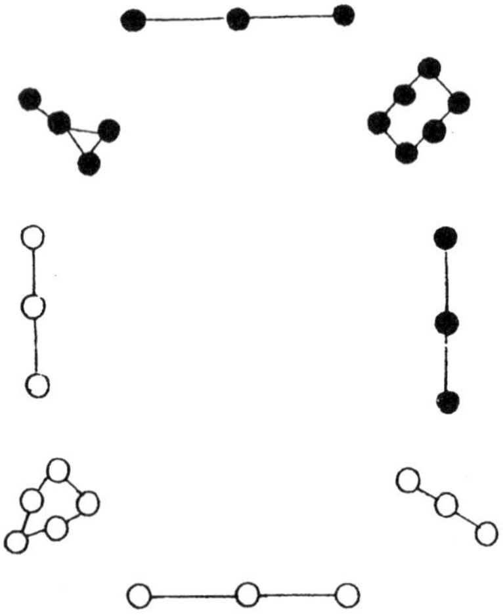

劉氏曰：「原夫八卦之宗，起於四象。四象者，五行之成數也。水數六，除三畫爲坎，餘三畫布於亥上成乾；金數九，除三畫爲兑，餘六畫布於申上成坤；火數七，除三畫爲離，餘四畫布於巳上成巽；木數八，除三畫爲震，餘五畫布於寅上成艮。此所謂四象生八卦

〔一〕圖中上三黑與下三白，經解本、粵雅堂本互易其位。

也。」

雷氏易圖通變曰：「究嚴謌昌之取用，不過循納甲之緒餘及五子歸庚之殊嚮。」又謂：「天上八卦，坎離對中之外，移置乾、兑、坤於東，艮、震、巽於西。不謂五行之說多起於易後，而反引五行以爲定卦之原。此又其敢於創異之大端也。是宜長民不獨增以五十五圖，又因謌昌坎離震兑四正之外，而以四成數同於四方。謂坎六退本卦三數，以餘三數三畫爲乾；離七退本卦三數，以餘四數四畫爲巽；震八退本卦三數，以餘五數五畫爲艮；兑九退本卦三數，以餘六數六畫爲坤，皆以數爲畫，標爲河圖，是不揣本而齊末。夫八卦各三畫，以剛柔生爻，未聞本卦止用三畫，而以其餘畫之多反分爲别卦也。所陳之數，抑配偶然，且以坎離震兑爲四象，則尤非也。象本在未成卦之先，故曰『四象生八卦』也。」

按，希夷天地自然之圖宗參同契，用乾南坤北，離東坎西之位；而鉤隱仍以坎離震兑居四正，乾坤艮巽居四隅。即此一端，亦足以證龍圖之本不出於希夷矣。

洛書五行生數

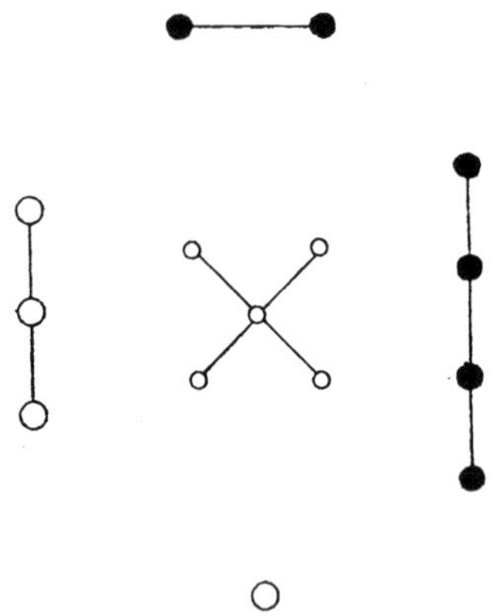

洛書五行成數以上二圖合之，即是羲皇重定五行生成之數。

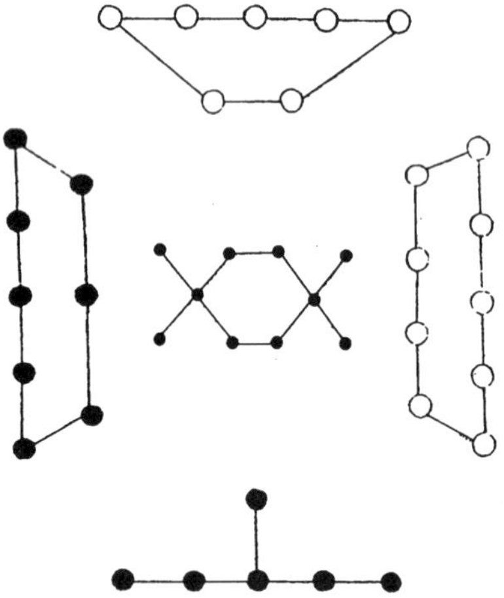

劉氏曰：「或問：洛書一曰水，二曰火，三曰木，四曰金，五曰土，則與龍圖五行之數之位不偶者，何也？答曰：此謂陳其生數也。雖則陳其生數，乃是已交之數，下篇分土王四季，則備其成數矣。且夫洛書九疇，惟出於五行之數，故先陳其已交之生數，然後以土數足之，乃可見其成數也。」

「書之九疇，惟五行是包天地自然之數，餘八法皆是禹參酌天時人事類之耳，非龜所負之文也。今詳洪範五行傳，凡言災異必推五行爲之宗。又若鯀無聖德，汨陳五行，是以彝倫攸斁。則知五行是天垂自然之數，其文負於神龜，餘八法皆大禹引而伸之。猶龍圖止負四象八純之卦，餘重卦六十四皆伏羲仰觀俯察，象其物宜，伸之以爻象也。或曰：既云龍圖兼五行，則五行已具於龍圖矣，不應更用龜書也。答曰：雖兼五行，有中位而無土數，惟四十有五，是有其象而未著其形也，唯四象八卦之義耳。龜書乃具生成之數，五十有五矣。易者包象與數，故聖人資圖、書而作之也。」

雷氏易圖通變曰：「書之九疇，各疇自有成數，如一五行，二五事，猶或得以其數從而强推引之；至於五皇極，則已不可指實之爲何物何事；而甚則九五福，而附以六極，則將計九乎？計五福而兼計六極乎？皇極謂大中，而六極者，其極又可謂中乎？皇極本非物非事，故可指之爲中。今徒實以五點，而五點者乃遂得爲中乎？疇自一至九，界界然各存本有之數，不知何自而可以合於五十有五之數。强謂合者，蓋其人之妄也。若其後而至於以書謂圖，以圖謂書者，又妄人中之妄人也。此余特謂圖則有數可通，而書則有疇類可數，而不可布之以爲圖也。」

按，劉牧謂洛書與河圖並出於伏羲之世，兼則之以畫卦，而五行之數未顯，故禹復法之以陳九疇。然一爲五行，二爲五事，以至九十爲福極，禹何以知之？故又爲之説曰：惟五行是天垂自然之數，餘八者皆禹自類之意。謂五事以下，禹從五行推演而得之也。然五事、皇極、庶徵、五福、六極，劉向嘗以此附會於五行，猶可通也，其餘則絶無交涉矣。六十四卦不離乎八卦，河圖具八卦之象，則六十四卦包在其中。若九疇五事以下，未見五行中具有此義也。禹乃鑿空而增之，以綴於五行之後，則幾同駢拇枝指矣。是亦不可以已乎！且經云「天錫禹九疇」，不言錫禹五行。九疇皆天之所設，非人之所爲，謂八者禹自類之，妄也。

易乾鑿度曰：「陽起而進，陰動而退。故陽以七、陰以八爲彖。易一陰一陽，合而爲十五之謂道。陽變七之九，陰變八之六，亦合於十五，則彖變之數若一。陽動而進，變七之九，象其氣之息也。陰動而退，變八之六，象其氣之消也。故太一取其數以行九宫，四正四維皆合於十五。五音六律七始，由此作焉。」

隋經籍志：「宋大明中始禁圖讖，梁天監以後又重其制。及高祖受禪，禁之愈切。煬帝即位，乃發使四出搜天下書籍，與讖緯相涉者皆焚之，爲吏所糾者至死。自是無復其學，祕府之内亦多散亡。」今按，志有鄭氏注易緯七卷，而無乾鑿度；唐藝文志有宋均注易緯九卷，亦無乾鑿度。孔穎達義疏、章懷後漢書注所引乾鑿度，蓋即祕府散亡之餘，僅存於易緯九卷中者也，是爲可信。宋時復有乾鑿度二卷，晁氏云：「舊題蒼頡修，古籀文，鄭氏注。」案，唐四庫書目有鄭玄注詩、書緯及宋均注易緯，而無此書。

其中有不可曉者，獨九宮之法頗明。愚謂此贋書無疑。圖緯興於哀平之際，乾鑿度縱出其先，亦當在漢世，而題曰蒼頡修，將誰欺乎？「太一取其數以行九宮」，章懷所引鄭注盡之矣，無七八九六、進退消息、彖易彖變之說也，是必蒼頡二卷中語。蓋其時洞極經出，十圖九書早已萌芽，故劉牧之徒僞造乾鑿度二卷，以參同契七八九六之文竄入於其中，以見此河圖之象出自西漢，遠有端緒，使人不敢動摇。陳氏所云殘闕不完，於僞之中又有僞焉者也，而昧者更題云蒼頡修。若此書爲黄帝繼伏羲而作，適以自獻其僞，可不謂大愚乎！

子華子曰：「二與四抱九而上躋也，六與八蹈一而下沈也。戴九而履一，據三而持七，五居中宫，數之所由生；一從一横，數之所由成。胃之實也，神氣之守也。故曰天地之數莫中於五，莫過於五。」

晁氏讀書志曰：「子華子十卷。其傳云：子華子，程氏，名本，晉人也。劉向校定其書。按，莊子稱：子華子見韓昭侯。陸德明以爲魏人，既不合，又藝文志不録。且多用字説，謬誤淺陋，殆元豐以後舉子所爲耳。」

朱子偶讀漫記曰：「會稽官書版本有子華子，云是程本字子華者所作，孔子所與傾蓋而語者。以予觀之，其詞故爲艱澀，而理實淺近，其體務爲高古，而氣實輕浮，但如近年後生巧於摹擬變换者所爲，不惟決非先秦古書，亦非百十年前文字也。如論河圖，巧亦甚矣，惟其巧甚，所以知其非古書也。或云王銍性之、姚寛令威多作贋書，二人皆居越，恐出其手。」又曰：「但觀其書數篇，與前後三序皆一手文字。其前一篇託爲劉向，而殊不類向它書。」

周氏涉筆曰：「其書多解字義，吾嘗疑其三經後此書方出，故信字説而主老、莊。」

陳氏書録解題曰：「家語有孔子遇程子傾蓋事，而莊生亦載子華子見昭僖侯一則。莊生固寓言，而家語亦未可攷信，班固古今人表亦無之。」

王氏困學紀聞曰：「子華子後序謂鬼谷子之師，水心銘鞏仲至所謂程子，即此書也。朱文公謂詞艱而理淺近，世巧於模擬者所爲，決非先秦古書。」

劉牧之徒僞撰乾鑿度，以自固其學，而猶未已也。蓋緯書出於西漢，恐不足以厭服天下之心，故又造子華子其人，爲與孔子傾蓋而語者。以「戴九履一，據三持七」爲河圖，始可以屈洞極經而伸吾之説，然格致凡近，辭義淺陋。序云劉向作，而漢藝文志無之。人皆知其出於元豐後，三經字説盛行之時，竟何益哉！故曰：作僞心勞日拙。

盱江李氏覯删定易圖論序曰：「世有治易根於劉牧者，其説日不同。因購牧所爲易圖五十有五，觀之則甚複重。乃删其圖而存之者三：所謂河圖也，洛書也，八卦也。於其序解之中，撮舉而是正之；諸所觸類，亦復詳説，成六論。別有一册，黄黎獻爲之序者，頗增多誕謾，自鄶以下無譏焉。」論作於仁宗景祐三年。王湜易學曰：「吴祕之通神，黄黎獻之畧例、隱訣，徐庸之易緼，皆本劉氏。逮鮮于侁稍辨其非，其後論易者交攻之。而九圖十書，宋之羣儒恒主其説。」

谷水林氏至易裨傳極數篇曰：「夫子於繫辭言數者三，曰天地之數五十有五，曰天一終於地十，曰參天兩地而已。雖曰『河出圖，洛出書』，初未嘗曰某爲圖，某爲書也。至劉牧出鉤隱圖，始以四十五爲河圖，而五十五爲洛書，且以爲出於希夷之所傳授。始有『戴九履一，左三右七，二四爲肩，六八爲足，縱横十五，總四十有五」之説，前此未之見也。孔穎達曰：『龜負洛書，先無此事，見之緯候之書。』牧不信聖人之言，而主緯候之説，何邪？大抵聖人闡易，有象則有數，有數則有變。象則太極生兩儀、四象、八卦者也；數則五十有五，奇耦之生成者也；變則揲蓍，倚數生爻者也。要不出於三者而已。如牧之爲圖，巧則巧矣，於易何取焉？且其數曰縱横十五而已，所以生卦成卦無聞焉。不知何與於易哉！」又曰：「緯候之家不過借河圖、洛書之説以神其事，至牧反覆言之，而世之論易者多宗其説，易之本原愈以不明。本朝惟歐陽公以『圖、書爲怪妄之甚』爲説以黜之，然一人之言不能勝久習之溺也，特學易者不深察之耳。今所謂極數者本之天地五十有五之數，而黜圖、書之妄，雖得罪於君子，不辭也。」

按，五十有五即自一至十之數，林氏因錯簡而誤析爲二耳。繫辭言數者三，天地之數一也，參伍錯綜二也，參天兩地三也。此皆主蓍而言，於圖、書無涉。宋人不知此義，而以數爲圖、書，易道之榛蕪至此而極。雖命世大儒如伊川，不能廢五行之説，而郭子和非之，以爲曆數之學；如考亭不能廢圖、書之説，而林德久斥之，以爲緯候之流。嗚呼！之二子者，豈非豪傑之士哉！

雷氏易圖通變曰：「龍圖流傳未遠，知者亦鮮。至劉牧乃增至五十五圖，名以鈎隱。師友自相推許，更爲倡述。各於易有注釋，曰卦德論，曰室中語，曰記師説，曰指歸，曰通微，亦總謂之周易新注，每欲自神其事。及跡而究之，未見其真能有所神奇也。時則有李覯泰伯者，著六論以駁之，删其複重，止存三圖。自後愈傳愈失，甚者反以五十五數爲河圖，而圖南所傳者爲洛書，顛倒迷謬，靡所底止。」

按，劉牧之學，當時皆謂其源出於希夷，而不知希夷所傳者，乃天地自然之圖，白黑回互之狀，見第三卷。康節之所受而演之者也，於龍圖曷與焉？於鈎隱又曷與焉？蓋自天禧之後，僞書盛行，而天地自然之圖隱矣。説者以劉牧之學爲希夷之傳，是猶吕之代嬴，牛之易馬，世仍以秦晉目之，而不知其血脈之已非也。李泰伯存其三圖，雷齊賢歸咎後人，亦尋常之見耳。鈎隱支離破碎，繳繞窒塞，真無一可取。譬諸田功，聖人

之易五穀也，希夷之易蓍稗也；牧之易進不可窮理以盡性，退不可養生以盡年，徒爲稂莠而已矣。

右論易數鉤隱圖。

易圖明辨卷五

啟蒙圖書

西山蔡氏元定曰：「古今傳記，自孔安國、劉向父子、班固，皆以爲河圖授羲，洛書錫禹；關子明、邵康節皆以十爲河圖，九爲洛書。蓋大傳既陳天地五十有五之數，洪範又明言『天乃錫禹洪範九疇』，而九宮之數，戴九履一，左三右七，二四爲肩，六八爲足，正龜背之象也。惟劉牧意見，以九爲河圖，十爲洛書，託言出於希夷，既與諸儒舊說不合，又引大傳，以爲二者皆出於伏羲之世。其易置圖、書，並無明驗，但謂伏羲兼取圖、書，則易、範之數，誠相表裏，爲可疑耳。其實天地之理，一而已矣，雖時有古今先後之不同，而其理則不容於有二也。故伏羲但據河圖以作易，則不必豫見洛書，而已逆與之合矣；大禹但據洛書以作範，則亦不必追考河圖，而已暗與之符矣。其所以然者何哉？誠以此理之外無復他理故也。」

右見易學啓蒙注。季通爲朱子起稿，故不敢列己説爲正文，然朱子河圖洛書之象數，實由季通而定。初劉牧以四十有五爲河圖，五十有五爲洛書，實龍圖之本象，而季通以爲牧之所易置，至此乃復其舊，且引關、邵以相證。今按，關易明係僞書，不可以爲據；而邵子圓星方土之論，其意別有所在，未嘗以五十有五爲河圖也。謹列其説如左，明者幸垂察焉。

關子明易傳曰：「河圖之文，七前六後，八左九右，聖人觀之以畫卦。是故全七之三以爲離，奇以爲巽；全八之三以爲震，奇以爲艮；全六之三以爲坎，奇以爲乾；全九之三以爲兑，奇以爲坤。正者全其位，隅者盡其畫。此與鉤隱四象生八卦同。洛書之文，九前一後，三左七右，四前左，二前右，八後左，六後右，後聖稽之爲三象。一四七爲天生之數，二五八爲地育之數，三六九爲人資之數。」

邯鄲書目：宋皇祐中李淑撰。「關子明易傳一卷，唐趙蕤注。魏孝文使并州刺史王虬與子明著疑筮論數十篇，蕤云：亡篇過半，今無能詮次，但隨文解義，庶學者觸類而長。阮逸詮次刊正洞極元經傳五卷，逸字天隱，宋仁宗時人。關子明以生、育、資爲傳，以釋其蘊，爲經論十一篇，玉海云：「子明易傳卜百年義第一，次以統言易義、大衍、乾坤策、盈虚、闔闢、理性、時變、動靜、神義，終於雜義第十一。」又爲圖以序其象。文中子録子明事：太和末，穆公與談易，言於孝文帝。帝曰：且與卿就成筮論。子明曰：乾坤之策，陰陽之數，推而行之不過三百六十六，引而伸之不過三百八十四，天之道也。象生有定數，吉凶有前期，變而能通，故治亂有可易之理。」

晁氏讀書志曰：「關子明易傳一卷，魏關朗撰。李邯鄲始著之目，王通贊易蓋宗此也。」

後山叢談曰：「世傳王氏元經、薛氏傳、關子明易傳、李衛公問對，皆阮逸所著。逸以草示蘇明允，而子瞻言之。」

朱子語類：「鄒浩問李壽翁椿最好關子明易。先生曰：是阮逸僞作，陳無己集説得分明。」

姚氏曰：「世所傳關子明洞極經亦言河圖、洛書，如劉氏説而兩易之，以五方者爲圖，九宮者爲書。按，唐李鼎祚易解盡備前世諸儒之説，獨無關氏，至本朝阮逸始僞作洞極經，見於後山叢談，則關亦不足爲證矣。見周易玩辭。雷氏易圖通變曰：「楊次公自著洞極經，託名於關子明。渭按，楊傑字次公，元豐中與范鎮論樂。洞極經果爲傑所撰，則又出阮逸之後，恐非。如其敘本篇稱：『子曰：河圖之文，七前六後，八左九右，聖人觀之以畫八卦。是故全七之三以爲離，奇以爲巽；全八之三以爲震，奇以爲艮；全六之三以爲坎，奇以爲乾；全九之三以爲兑，奇以爲坤。正者全其位，隅者盡其畫。』而謂四象生八卦，此謬之尤者。乾坤相索而生六子，今爲男女者反能生父母之卦邪？」

文中子中説三卷，隋王通之門人共集其語爲是書，而晁氏摘其三事以爲可疑。其一則關朗在太和中見魏孝文，自太和丁巳至通生之年甲辰，蓋一百七十年矣。而其書有問禮於關子明，是以知其妄也。程子謂：「王通隱君子，當時有些少言語，後來爲人傅會，不可謂全書續經之類皆非其作。」朱子亦以爲然。王氏揮麈録直以爲阮逸僞作。今按，中説宋有阮逸、龔鼎臣二本，其文多異。關子明事蓋逸所傅會，與洞極經論總出一手，彼此扶同，以欺天下後世也。

宋仁宗朝劉牧著易數鉤隱，以九宫爲河圖，五合爲洛書，其學盛行於世。同時有阮逸者，陰欲排之，乃撰關子明易傳，而兩易其名。季通不察，以爲真古書也，遂引爲圖十書九之證。季通無論已，獨怪朱子素斥龍圖爲假書，又據後山叢談，深信關易爲阮逸所造，而於此則曲從季通之説，何也？蓋自漢魏以來，言河圖者皆主乾鑿度、參同契，而此獨根柢大傳五十有五之數，其據地尊而取義正也。然河圖久已無傳，不知其形象若何，而强以五十五數當之，大傳既無明文，古注亦無可考。七前六後，八左九右之位，不見於經，天生地成，奇白偶黑之點，非易所有。至其所以則之者，謂伏羲分四正之餘數，以成四隅之卦畫，支離舛錯，全無義理。藉令此書真出於古，猶不可據以說經，而況明明爲阮逸之僞作乎？且此數但可以生蓍，而不可以畫卦，九與十何擇焉！

范諤昌大易源流言：「龍馬負圖出河，羲皇窮天人之際，重定五行生成之數，地上八卦之體。天一正北，地二正南，天三正東，地四正西，天五正中央。地六配子，天七配午，地八配卯，天九配酉，地十配中寄於未。乃天地之數五十有五矣。」雷氏云：「正今圖所傳有四方而無四維者也。關子明之河圖，實本諸此。」然諤昌但謂伏羲據龍圖以重定五行之數，八卦之體，有如此者，未嘗直指此爲河出之圖也。故劉牧鈎隱仍以九爲圖，而十爲書，僞關易竊其義，遂以七前六後、八左九右爲河圖之文。人皆知其書之出於阮逸，而不知其數之本乎諤昌也。

邵子觀物外篇曰：「圓者，星也。曆紀之數，其肇於此乎？易學啓蒙注云：「曆法合二始以定剛柔，二中以定律曆，二終以紀閏餘，是所謂曆紀也。」按，此說出唐一行曆本議。方者，土也。畫州井地之法，其放於此乎？啓蒙注云：「州有九，井九百畝，是所以畫州井地也。」蓋圓者河圖之數，方者洛書之文。故羲、文因之而造易，禹、箕敘之而作範也。啓蒙引此段遺後四句，殊爲疎謬。

朱子語類曰：「二始者，一二也。一奇故爲剛，二偶故爲柔。二中者，五六也。五者十干，六者十二辰也。二終者，九與十也。閏餘之法以十九歲爲一章，姑借其說以明十數之爲河圖耳。」又曰：「圓者星也，圓者河圖之數，言無那四角底其形便圓。」又曰：「河圖既無那四隅，則比之洛書，固亦爲圓矣。方者土也，方者洛書之文，言畫州井地之所依做而作者也。書禹貢：禹別九州，冀北揚南，青東梁西，兗東北，雍西北，徐東南，荆西南，豫中也。孟子言周家井地之制，井九百畝，其中爲公田，八家皆私百畝，同養公田，是皆法洛書之九數也。」

鶴山魏氏了翁題司馬子己易圖〔一〕曰：「涑水司馬叔原覃思易理之學，著己易。朱文公以十爲河圖，九爲洛書，引邵子説辨析甚詳，叔原從之。乃邵子不過曰『圓者河圖之數，方者洛書之文』，今戴九履一之圖其象圓，五行生成之圖其象方，是九圓而十方也。安知邵子不以九爲圖十爲書乎？故朱子雖力攻劉氏，而猶曰：『易、範之數誠相表裏。』又曰：『安知圖之不爲書，書之不爲圖？』則朱子尚有疑乎此也。近世朱子發、張文饒精通邵學，而皆以九爲圖十爲書，朱以列子爲證，張以邵子爲主。予嘗以乾鑿度及張平子傳所載『太一下行九宫法』考之，即所謂戴九履一者，則是圖相傳已久，安知非河圖也？紹定四年書。」

〔一〕「題司馬子己易圖」，文淵閣四庫本鶴山集作「跋司馬子紀先後天諸圖」，引文内容大致相同，但無所謂「己易」之説。

靜修劉氏因河圖洛書辨曰：「邵子但言方圓之象，而不指九十之數。若以象觀之，則九又圓於十矣。且其所謂方圓而前後乎此者，不過指陰陽、剛柔、奇偶而已，在此則星少陽，而土少柔。其偶者固當爲方而爲陰，奇者固宜爲圓而爲陽矣。」

邵子之於圖、書，言方圓而不言九十。蔡季通以圓星爲十爲圖，方土爲九爲書，而朱子從之，謂河圖無四隅，比洛書便圓。魏華父則以爲九圓而十方，劉夢吉亦云九圓於十。蓋皆以九爲圖説者，以爲物有八隅必作圓形，九宮是也；物止四面必成方形，五合是也。魏説較長。以理言之，誠有然者，若摹寫爲奇白偶黑，纍纍貫珠之狀，則九亦可觚稜之以爲方，十亦可彎環之以爲圓，安見九必圓，而十必方乎？方圓之或九或十，終無定論。而邵子埒之以星土，固有所自來，其數可考而知也。友人徐敬可嘗謂余曰：「觀物外篇所謂圓星方土，乃論積數自然之理，非論圖、書也。連上文讀之即明。朱子斷章取義，載之啟蒙，遂不可解。而引一行二始、二中、二終之説，以釋曆數肇於圓星之義，殊爲牽强。」今按，此之上文曰：「天圓而地方，圓之數起一而積六，方之數起一而積八，變之則起四而積十二也。六者常以六變，八者常以八變，而十二者亦以八變，自然之道也。」又曰：「圓者六變，六六而進之，故六十變而三百六十矣；方者八變，故八八而成六十四矣。陽主進，是以進之爲六十矣。」然後繼以圓星方土之說。玩其辭旨，蓋積數自然之理，凡以七圓物相聚，必以一爲心，而環之以六，，此形是起一而積六也；凡以九方物相聚，必以一爲心，而圍之以八，，此形是起一而積八也；凡以十二方物相聚，必以四爲心，而圍之以十二，，此形是起四而積十二也。圓者，聚七之形，如衆星之麗乎天。以六變而爲三十六，進之極於三百六十，當期之日，得氣朔盈虛之中，而星於是乎一周。是爲治曆之本，故曰「曆紀之數肇於此」。二始、二終曷與乎？方者，聚九之形，象九州，亦八家同井，中爲公田象也。變之則爲聚十六之形，象四邑爲丘，丘容十六井；又加兩圍共六十四，乃四丘爲甸之象，甸容六十四井；更進而四甸爲縣，縣容六十四邑；更進而四縣爲都，都容六十四丘，皆所謂八八而成六十四也。故曰「畫州井地之法放於此」也。更推而廣之，古有河圖，亦圓體也，羲、文因之以造易，則圓星之類也；古有洛書，亦方體也，禹、箕敘之以作範，則方土之類也。此不過因論方圓之積數而牽綴及之，不專爲圖、書而發。方九猶可言，彼圓則何以知其爲九與十也哉？其下文則曰：「蓍數不以六而以七，何也？并其餘分也。去其餘分則六，故策數三十六也。是以五十者，六十四卦閏歲之策也。其用四十有九，六十四卦一歲之策也。歸奇掛一，猶一歲之閏也。卦直去四者，何也？天變而地效之，是以蓍去一則卦去四也。」又曰：「蓍德圓，以況天之數，故七七四十九也。五十者，存一而言之也。卦德方，以況地之數，故八八六十四也。六十者，去四而言之也。然則天圓主蓍，地方主卦。蓍數以七相乘則爲四十九，以六相乘則爲三十六，無九位四十有五之數，卦數以八相乘爲六十四，去其四則爲六十，亦無十位五十有五之數。竊意邵子所指爲河圖者，即希夷先天太極一圈之形，故謂之圓，與關朗之河圖全無交涉；其所指爲洛書者，即九宮之形，中起一而外積八，故謂之方，此則與關朗闇合。而其所以爲方之意，季通亦未之識也，故漫引以爲圖十書九之證。從來憒憒，茲特爲一闡明之。

朱子答劉君房書曰：「啟蒙本欲學者且就大傳所言卦畫蓍數推尋，不須過爲浮說。而自今觀之，如河圖、洛書亦未免有剩語。」觀此言，知季通代斵，不中繩墨，文公晚年亦深悔之，但未及改削耳。而近代諸儒奉啟蒙爲不刊之書，不亦過乎？

蔡氏河圖

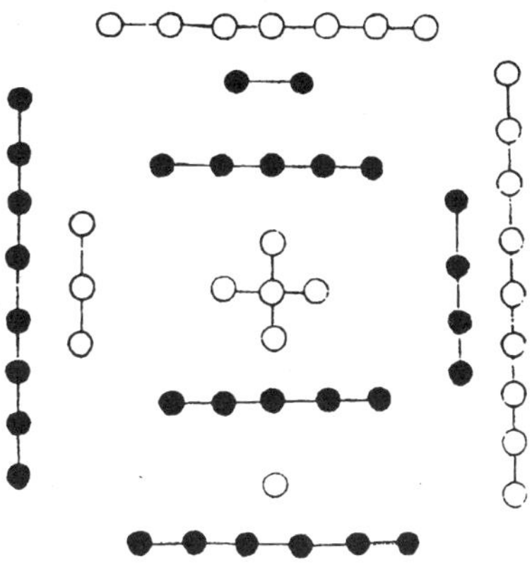

蔡氏洛書

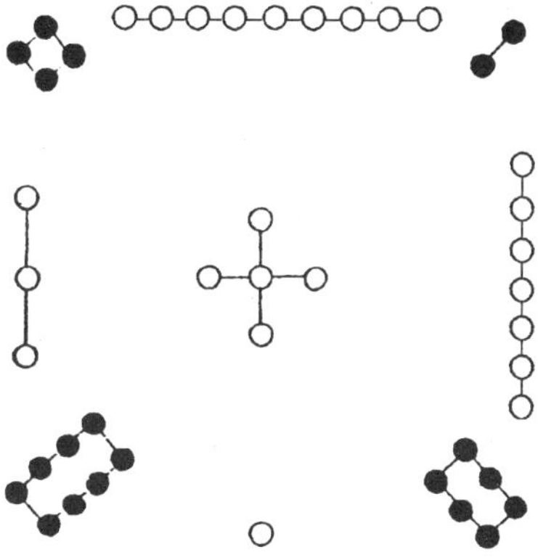

本義圖說：「繫辭傳曰：『河出圖，洛出書，聖人則之。』又曰：『天一，地二；天三，地四；天五，地六；天七，地八；天九，地十。天數五，地數五，五位相得而各有合。天數二十有五，地數三十。凡天地之數五十有五，此所以成變化而行鬼神也。』此河圖之數也。洛書蓋取龜象，故其數戴九履一，左三右七，二四爲肩，六八爲足。」

易學啟蒙曰：「河圖之位，一與六共宗而居乎北，二與七爲朋而居乎南，三與八同道而居乎東，四與九爲友而居乎西，五與十相守而居乎中。蓋其所以爲數者，不過一陰一陽，一奇一偶，以兩其五行而已。所謂天者，陽之輕清而位乎上者也。所謂地者，陰之重濁而位乎下者也。陽數奇，故一三五七九皆屬乎天，所謂天數五也。陰數偶，故二四六八十皆屬乎地，所謂地數五也。天數地數各以類而相求，所謂五位之相得者然也。天以一生水，而地以六成之；地以二生火，而天以七成之；天以三生木，而地以八成之；地以四生金，而天以九成之；天以五生土，而地以十成之。此又其所謂各有合焉者也。積五奇而爲二十五，積五偶而爲三十，合是二者而爲五十有五，此河圖之全數，皆夫子之意而諸儒之說也。至於洛書，則雖夫子之所未言，然其象其說已具於前。有以通之，則劉歆所謂『經緯表裏』者可見矣。」

「天地之數五十有五」，專爲「大衍之數五十」張本，此蓍策之原，非畫卦之法。易雅云：「九六七八爲揲蓍策數，乃先有卦而後揲蓍，非先得數而後畫卦。夫子未嘗以是明河圖也。」李泰伯云：「天一至地十，乃天地之氣降出之次第，而曰五十有五者，蓋聖人假其積數以起算法，非實數也。譬如兄弟行第一至第十者，乃十人耳。」今鉤隱河圖有白黑四十五點，是九人而化爲四十五人也；啟蒙河圖有白黑五十五點，是十人而化爲五十五人也。以積數爲實數，以算法爲卦原，而寫之以成象，九圖十書，十圖九書，總無是處。然九宮猶存八卦之位，而五合缺其四隅，則與八卦一毫不相似矣。易有八卦，而無五行，以洪範五行附會於翼傳，自漢儒始。五行志曰：「天一生水，地二生火，天三生木，地四生金，天五生土。」又曰：「水之大數六，火七，木八，金九，土十。」大數即成數。此以天地之數配五行也。坎水、離火、巽木，見於夫子之大象，而坤艮不言土。乾爲金，惟見於說卦。據左傳莊二十二年周史曰：「坤，土也。」周語太子晉曰：「山，土之聚也。」是坤、艮亦可言土矣。而震木兌金無聞焉。五行志曰：「震在東方爲木，兌在西方爲金。」震木兌金始見於此。漢上易傳云：「京房以乾、兌爲金。」然則震、巽同爲木，蓋亦始於房。此以八卦方位配五行也，皆非夫子之意。劉牧云：「洛書之數五十有五，演五行而不述四象。」謂禹則之以陳範，故專主五行也。今既以五十有五爲河圖，而羲則之以畫卦，即與五行全無交涉，奚爲拾漢儒之餘瀋，而以五行生成之數附會於其間乎？劉歆言羲則圖，禹則書，而繼之曰：「河圖、洛書相爲經緯，八卦九章相爲表裏。」此真所謂畫蛇添足者。而啟蒙欲有以通之，吾未見其有可通之理也。「然則，聖人之則之也奈何？」曰：則河圖者虛其中，則洛書者總其實也。河圖之虛五與十者，太極也。奇數二十、偶數二十者，兩儀也。以一二三四爲六七八九者，四象也。析四方之合以爲乾、坤、離、坎，補四隅之空以爲兌、震、巽、艮者，八卦也。洛書之實，其一爲五行，其二爲五事，其三爲八政，其四爲五紀，其五爲皇極，其六爲三德，其七爲稽疑，其八爲庶徵，其九爲福極，其位與數尤曉然矣。」又曰：「洛書而虚其中，則亦太極也。奇偶各居二十，則亦兩儀。一二三四而含九八七六，縱横十五，而互爲七八九六，則亦四象也。四方之正以爲乾、坤、坎、離，四隅之偏以爲兑、震、巽、艮，則亦八卦也。河圖之一六爲水，二七爲火，三八爲木，四九爲金，五十爲土，則固洪範之五行，而五十有五者，又九疇之子目也。是則洛書固可以爲易，而河圖亦可以爲範矣。且又安知圖之不爲書，書之不爲圖也耶〔一〕？」

玉齋胡氏方平啟蒙通釋曰：「四方爲乾、坤、坎、離，四隅爲兑、震、巽、艮者，蓋一六老陰之數，而畫卦爲艮、坤，艮居六，坤居一也；三八少陰之數，而畫卦爲離、震，離居三，震居八也；四九老陽之數，而畫卦爲乾、兑，乾居九，兑居四也；二七少陽之數，而畫卦爲巽、坎，巽居二，坎居七也。此洛書亦可以爲八卦也。九疇子目者，五行五，五事五，八政八，五紀五，皇極一，三德三，稽疑七，庶徵十，福極十一，總五十五〔二〕。」

黄氏象數論曰：「就二數通之於易，則十者有天一至地十之數可據，九者並無明文，

〔一〕自「爲五紀」至此段末「圖也耶」，四庫本闕，據經解本、粤雅堂本補。

〔二〕此段四庫本闕，據經解本、粤雅堂本補。

此朱子爭十爲河圖之意長於長民也。雖然，自一至十之數，易之所有也；自一至十之方位，易之所無也。一三五七九之合於天，二四六八十之合於地，易之所有也；一六合，二七合，三八合，四〔二〕九合，五十合，易之所無也。天地之數，易之所有也；水火木金土之生成，易之所無也。試盡去後人之添入，依經爲説，則此數仍於易無與，而况名之爲河圖乎？」「天一至地十之數，儒者必欲言聖人則之以畫卦。崔憬曰：『參天者，謂從三始，順數而至五七九，不取於一；兩地者，謂從二起，逆數而至十八六，不取於四。艮爲少陽，其數三；坎爲中陽，其數五；震爲長陽，其數七；乾爲老陽，其數九；兑爲少陰，其數二；離爲中陰，其數十；巽爲長陰，其數八；坤爲老陰，其數六。』劉長民：『水六，金九，火七，木八，而生八卦。以坎、離、震、兑爲四正。六居坎而生乾，謂三爲坎，三爲乾也；九居兑而生坤，謂三爲兑，六爲坤也；七居離而生巽，謂三爲離，四爲巽也；八居震而生艮，謂三爲震，五爲艮也。』朱子曰：『河圖之虚五與十者，太極也。奇數二十，偶數二十者，兩儀也。以一二三四爲六七八九者，四象也。析四方之合以爲乾、坤、離、坎，補四隅之空以爲兑、震、巽、艮者，八卦也。』同此一數而三家所指不同如此。配卦之論始於崔

〔二〕自「黄氏」至「合四」，四庫本闕，據經解本、粤雅堂本補。

憬，憬但言其數，不言其位，乾、坤、震、巽數有可據，其附會者坎、離、艮、兑耳。長民兼位數而言，六爲水而坎屬之，七爲火而離屬之，八爲木而震屬之，九爲金而兑屬之，以四卦之五行遷就其位數，未爲不可，至於乾、坤、艮、巽，則不可通矣。朱子祖先天之説，以乾南坤北者宓羲之卦位也，離南坎北者文王之卦位也。河圖出於宓羲，其時尚無離南坎北之位，硬以乾南坤北配之，則更無一合者矣。天下之物一人以爲然，千萬人以爲然，其爲物也不遠矣。一人可指之爲此，又一人可指之爲彼，其爲物也無定名矣。故以天地之數配八卦者，皆非定名也。」

毛氏原舛編曰：「夫圖書非他，神聖之事也。豈有神聖之事，而一人授之，一二人受之哉？授者無憑，受之者無據，而或四或五，或方或圓，或羲或禹，或卦或範，彼此可以爭，先後可以易，一室兩家，茫無定準，其爲不足道，亦可見矣。」

按，季通據先天八卦之方位，而附會以太極、兩儀、四象之名，曰：「析四方之合以爲乾、坤、離、坎，補四隅之空以爲兑、震、巽、艮。」即闕易所云：「正者全其位，隅者盡其畫。」然彼用後天卦位，此用先天卦位。噫！伏羲上聖，其則河圖以畫卦，乃煩割裂補綴費如許經營邪？雖至愚者亦知其無是理矣。劉歆所云「相爲經緯表裏」者，不過以五行生成言之耳。季通發明其義，以爲易之太極、兩儀、四象皆通於洛書，而洪範之五行、九疇之子目則又通於河圖，任意牽合，無所不可。然十圖九書本無定理，故結之曰：「安知圖之不爲書，書之不爲圖？」終歸於鶻突無據而已矣。

朱子書河圖洛書後曰：「世傳一至九數者爲河圖，一至十數者爲洛書。考之於古，正是反而置之。予於啟蒙辨之詳矣。近讀大戴禮，又得一證。其明堂篇有『二九四，七五三，六一八』之語，而鄭氏註云：『法龜文也。』然則漢人固以此九數者爲洛書矣。」

大戴禮明堂篇注云：「記用九室，謂法龜文，故取此數以明其制也。」朱子以爲鄭氏語。餘姚黄先生云：「鄭玄注小戴禮，未嘗注大戴禮，在藝文志可考。今之所傳，亦後人假託爲之也，甚疎略，不出於鄭氏明矣。況鄭氏明言『河圖九篇，洛書六篇』，豈又以九宫爲洛書，自背其説哉？」今按後漢書鄭玄傳，康成無大戴禮注，而周書盧辯傳云：「辯字景宣，以大戴禮未有訓詁，乃注之。」儒林傳云：「魏永熙三年，敕中書舍人盧景宣解大戴禮夏小正篇。」然則，「九室法龜文」乃景宣語，非康成語也。今之所傳，蓋出景宣，亦非假託。以洛書爲龜文，有數至於九，實始於晚出孔安國書傳，而景宣襲之。揚雄、張衡但言龜書，無九數之説。

西山兩易圖書，援孔、劉、關、邵以證己之説，其實唯孔安國以洛書爲九數，而關朗之圖、書與所反悉同，劉不言其數，邵亦但以九爲書，而未嘗以十爲圖也。本義雖列此二圖，終不能厭服天下之心。故呂伯恭與朱子友善，而信劉牧龍圖之學，魏華父私淑朱子，亦以「戴九履一」者爲河圖，他如朱元昇、葛同叟、李簡、胡一中皆生於朱子之後，而不從啟蒙。宋末元初，朱學盛行，始有從啟蒙者，而郝經、劉因、雷思齊猶以爲非。迨明之中葉，士子舍程傳而專宗本義，天下於是惟知有卷首之圖、書，而不復問其所從來矣。震川歸氏有光易圖論曰：「或曰：子以易圖爲非伏羲之舊，固已明矣。若夫河以通乾出天苞，洛以流坤出地符，所謂河圖、洛書可廢耶？蓋宋儒朱子之說甚詳，揭中五之要，明主客君臣之位，順五行生尅之序，辨體用常變之殊，合卦範兼通之妙，縱橫曲直無不相值，可謂精矣。曰：此愚所以恐其說之過於精也。夫事有出於聖人，而在學者有不必精求者，河圖、洛書是也。聖人聰明睿智，德通於天，符瑞之生，出於世之所創見，而奇偶法象之妙，足以爲作易之本，理亦有然者。然曰河圖、洛書聖人則之者，此大傳之所有也。通乾流坤，天苞地符之文，五行生成，戴九履一之數，非大傳之所有也。以彼之名合此之迹，以此之迹符彼之名，不與大易同行，不藏於博士學官，而千載之下山人野士持盈尺之書，而曰古之圖、書者如是，此其付受固已沈淪詭祕，而爲學者之所疑矣。雖其說自以爲無所不通，然此理在人，仁者知者皆能見之。龍虎之經，金石草木之卜，軌筴占算之術，隨其所自爲說，而亦無不合，豈必皆聖人之爲之乎？大傳曰：『包羲氏之王天下也，仰則觀象於天，俯則觀法於地。』夫天地之間何往非圖，而何物非書也哉？揭其圖而示之曰：孰爲上下，孰爲左右，孰爲乾、兑、離、震，孰爲巽、坎、艮、坤？天之告人也，何其瀆！因其上下以爲上下，因其左右以爲左右，因其乾、兑、離、震以爲乾、兑、離、震，因其巽、坎、艮、坤以爲巽、坎、艮、坤，聖人之效天也，何其拘！且彼所謂效變化、則垂象者，毫而析之，又何所當也？使二圖者果在，如今所傳，然其所謂精藴者，聖人固已取而歸之易矣，求圖、書之説於易可也。子産曰：『天道遠，人道邇。』天者聖人之所獨得，而人者聖人之所以告人者也。告人以天，人則駭而惑；告人以人，人則樂而從。故聖人之作易，凡所謂深微悠忽之理，舉皆推之於庸言庸行之間，而卦爻之象，吉凶悔吝之辭，不亦深切而著明也哉？聖人見轉蓬而造車，觀鳥跡而製字，世之人求爲車之説與夫書之義則有矣，而必轉蓬鳥跡之求，愚未見其然也。孔子贊易，删連山、歸藏而取周易，始於乾而終於未濟，則圖書之列粲然者，莫是過矣。今夫治之所貴者範，而用者不求範而求器也；耕之所資者耒，而食者不求耒而求粟也。有圖、書而後有易，有易無圖、書可也。故論語河不出圖，與鳳鳥同瑞而已；顧命河圖在東序，與兑弓和矢同寶而已。是故圖、書不可以精，精於易者精於圖、書者也。惟其不知其不可精而欲精之，是以測度摹擬無所不至，故有九宫之法，有八分井文之畫，有坎離交流之卦，與夫孔安國、向、歆、揚雄、班固、劉牧、魏華父、朱子發、張文饒諸儒之論，或九或十，或合或分，紛紛不定，亦何足辨也。

自本義之圖書盛行，學者卷舌而不敢議。震川先生獨能昌言以正之，引繩批根，不遺餘力，真三百年來有數文字。

秀水徐善敬可博覽精思，無所不通，而尤深於易。晚著書以發其藴，有天易、羲易、商易、周易。天易者，河圖、洛書也；羲易者，先天古易也；商易者，歸藏首坤也；周易者，文王所演也。連山無傳，故不著夏易。同縣朱太史彝尊名其書曰徐氏四易，而爲之序：「敬可與余厚，向在京師出以示余。其言河圖、洛書，以劉牧得希夷之傳，而西山兩易殊可疑。余深以爲然，僭作題辭，要不出此意。既而思之，河圖、洛書自秦漢以來未有能言其狀者，至五季而始出，何可遽信？學者不能痛絶圖、書之謬種，而徒辨劉、蔡之是非，無爲也。歲庚午，與敬可讀書莫釐峰下，方且效一得之慮，相與更定是書。而敬可尋以病歸，卒於家，吾欲言之，無以爲質矣。因復窮究其義，知圖、書之形象自古無傳，當姑從漢孔、劉之言，而闕其疑，至於宋人之所傳，一槩難信。越七歲爲今丁丑，始成此五卷。追念舊好，歔欷者久之。嗟乎！『郢人逝矣，誰與盡言』，此嵇生所以致慨也。」

右論啟蒙圖書。

易圖明辨卷六

先天古易上

繫辭傳曰："易有太極，是生兩儀。兩儀生四象，四象生八卦。"

朱子曰："一每生二，自然之理也。易者，陰陽之變；太極者，其理也。兩儀者，始爲一畫以分陰陽；四象者，次爲二畫以分太少；八卦者，次爲三畫而三才之象始備。此數言者，實聖人作易自然之次第，有不假絲毫智力而成者，畫卦揲蓍其序皆然。"

按，此節夫子本言揲蓍之序，與畫卦無涉。說見第一卷。

語類曰："某嘗聞季通、康節之數，伏羲也曾理會否？曰伏羲須理會過，某以爲不然。伏羲只是據他見得一箇道理，恁地〔一〕便畫出幾畫，他也那裏知得疊出來恁地巧，

〔一〕"地"，原作"他"，據經解本、粵雅堂本改。

此伏羲所以爲聖。若他也恁地逐一推排，便不是天然意思。史記曰『伏羲至淳厚』，作易八卦，那裏恁地巧推排。」此葉賀孫所録也。劉砥録以「伏羲至淳厚」爲季通述太史公語，以規朱子。

又董銖問：「程易乾繇辭下解云：『聖人始畫八卦，三才之道備矣。因而重之，以盡天下之變，故六畫而成卦。』據此說却是聖人始畫八卦，每卦便是三畫，因而重之爲六畫，似與邵子說不同。」曰：「程子之意，只云三畫上疊成六畫，八卦上疊成六十四耳，與邵子說異。蓋康節此意不曾說與程子，程子亦不曾問之，故一向只隨他所見去。但他說聖人始畫八卦，不知其時先畫甚卦，此處便曉他不得。」

按，康節先天八卦次序，伊川不用，以爲聖人始畫八卦，每卦便是三畫。其後精通邵學者，莫如漢上，而集傳釋兩儀、四象、八卦，亦不從康節，意可知矣。朱子初亦疑之，謂「伏羲至淳厚」，未必如此巧推排，而蔡季通堅執不移，故本義屈伊川而伸康節。蓋牧堂季通父，名發字神與。嘗以皇極經世授季通，曰：此孔、孟正脈。故季通篤信邵學，不啻如孔、孟。朱子方以爲老友，不在弟子之列，往往曲從其言。至啟蒙則屬季通起稿，其原卦畫一篇，敷暢邵學尤爲詳備，而其說遂牢不可破矣。朱子又疑伊川不知康節之意。愚謂程、邵在洛中晨夕往來，豈有邵不言而程亦不問者？此必伊川灼見其非，故易傳不從耳。又疑八卦不知先畫何卦。萬季野云：「讀大傳『成象之謂乾，效法之謂坤』，便見是先畫乾，次畫坤，然後以乾坤相索成六子。」有何難曉？李剛主亦云。

邵子觀物外篇曰：「太極既分，兩儀立矣。陽下交於陰，陰上交於陽，四象生矣。陽交於陰，陰交於陽，而生天之四象；剛交於柔，柔交於剛，而生地之四象，於是八卦成矣。八卦相錯，然後萬物生焉。是故一分爲二，二分爲四，四分爲八，八分爲十六，十六分爲三十二，三十二分爲六十四，故曰『分陰分陽，迭用柔剛，易六位而成章』也。十分爲百，百分爲千，千分爲萬，猶根之有幹，幹之有枝，枝之有葉，愈大則愈小，愈細則愈繁，合之斯爲一，衍之斯爲萬。是故乾以分之，坤以翕之，震以長之，巽以消之；長則分，分則消，消則翕也。」

伏羲八卦次序

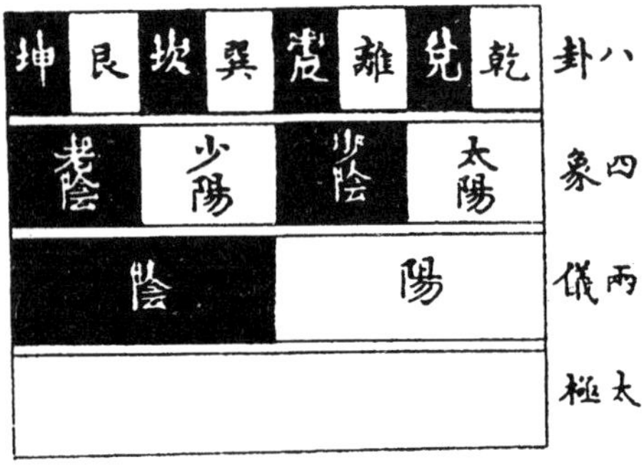

本義圖説：「右繫辭傳曰：『易有太極，是生兩儀。兩儀生四象，四象生八卦。』邵子曰：『一分爲二，二分爲四，四分爲八也。』説卦傳曰：『易逆數也。』邵子曰：『乾一，兌二，離三，震四，巽五，坎六，艮七，坤八，自乾至坤皆得未生之卦，若逆推，四時之比也。後六十四卦次序倣此。」黑白之位本非古法，但今欲易曉，且爲此以寓之耳。後六十四卦次序倣此。

李剛主學易曰：「先天圖杜撰乾一、兌二、離三、震四、巽五、坎六、艮七、坤八之數，毛河右闢之，是矣。若宗康成以天地生成之數配八卦，則乾天也，乃得地六數；坤地也，乃得天九數；且中遺五數，亦可疑也。蓋必分八卦次序之數，則畫卦自乾而終兑可爲數，卦位自震而終艮可爲數。然總不必也，何者？用九用六，爻有數，用四十有九，大衍有數，即卦數也。若乾一至坤八之數，聖人所不言，何爲爲渾敦畫眉乎？」

易學啟蒙曰：「盈天地之間莫非太極陰陽之妙，聖人於此仰觀俯察，遠求近取，固有以超然而默契其心矣。故自兩儀之未分也，渾然太極，而兩儀、四象、六十四卦之理，已粲然於其中；自太極而分兩儀，則太極固太極也，兩儀固兩儀也；自兩儀而分四象，則兩儀又爲太極，而四象又爲兩儀矣。自是而推之，由四而八，由八而十六，由十六而三十二，由三十二而六十四，以至於百千萬億之無窮。雖其見於摹畫者，若有先後而出於人爲，然其已定之形已成之勢，則固已具於渾然之中，而不容毫髮思慮作爲於其間也。程子所謂『加一倍法』者，可謂一言以蔽之；而邵子所謂『畫前有易』者，又可見其真不妄矣。世儒於此或不知察，往往以爲聖人作易，蓋極其心思探索之巧而得之，甚者至謂凡卦之畫必由蓍而後得，其誤益以甚矣。」又曰：「太極者，象數未形而其理已具之稱，形器已具而其理无朕之目，在河圖、洛書皆虚中之象也。周子曰『無極而太極』，邵子曰『道爲太極』，又曰『心爲太極』，此之謂也。太極之判，始生一奇一偶，而爲一畫者二，是爲兩儀；其數則陽一而陰二，在河圖、洛書則奇偶是也。周子所謂『太極動而生陽。動極而靜，靜而生陰。靜極復動，一動一靜，互爲其根。分陰分陽，兩儀立焉』，邵子所謂『一分爲二』者，皆謂此也。兩儀之上各生一奇一偶，而爲二畫者四，是謂四象：其位則太陽一，少陰二，少陽三，太陰四；其數則太陽九，少陰八，少陽七，太陰六：以河圖言之，則六者一而得於五者也，七者二而得於五者也，八者三而得於五者也，九者四而得於五者也；以洛書言之，則九者十分一之餘也，八者十分二之餘也，七者十分三之餘也，六者十分四之餘也。周子所謂『水火木金』，邵子所謂『二分爲四』者，皆謂此也。四象之上各生一奇一偶，而爲三畫者八，於是三才略具而有八卦之名矣：其位則乾一，兑二，離三，震四，巽五，坎六，艮七，坤八：在河圖則乾、坤、離、坎分居四實，兑、震、巽、艮分居四虛；在洛書則乾、坤、離、坎分居四方，兑、震、巽、艮分居四隅。周禮所謂『三易經卦各八』，大傳所謂『八卦成列』，邵子所謂『四分爲八』者，皆指此而言也。」

語類曰：「康節之書固自是好，而季通推得來又甚縝密。觀此語則啟蒙仍季通之稿，無所更定可知。若見於用，不知果如何？恐絶勝諸家也。」

「康節之學似揚子雲。太玄擬易，方、州、部、家皆自三數推之。玄之爲首，一以生三爲三方，三生九爲九州，九生二十七爲二十七部，九九乘之斯爲八十一家。首之以八十一，所以準六十四卦；贊之以七百二十有九，所以準三百八十四爻，無非以三數推之。康節之數則是加倍之法。」

「程先生有一柬，説先天圖甚有理，可試往聽。他説：看觀其意，甚不把當事。然自有易以來，只有康節説一箇物事如此齊整。如揚子雲太玄便零星補凑得可笑，若不補，又却欠四分之一，補得來，又却多四分之三。如潛虚之數用五，只似如今算位一般，其直一畫則五也，下横一畫則爲六，横二畫則爲七，蓋亦補凑之書。」

按，太玄方、州、部、家、表、贊，皆自三數推之，全從『三生萬物』得來，不待清靜寂寞等語，而始知其爲老氏之學也。易之爲書廣大悉備，天象曆數之理皆包括其中。然伏羲作易之本，夫子「仰觀俯察」數語盡之，天象曆數非其本也。雄因覃思渾天而作太玄以擬之，與太初曆相應。易太極生兩，兩生四，四生八；玄太極函三爲一，一生二，二生三，三生萬物。其所據者固老氏之易，而非聖人之易矣。列子言太易自一而七而九，亦皆奇數，却不言二；夫子所言自一而兩而四而八，皆偶數，故康節用加一倍法。子雲之乘法以參，康節之倍數以兩，故蔡季通云：「使康節爲之，定是四公、八辟、十六侯、三十二卿、六十四大夫，都是加倍法也。」子雲草玄，自丑至午得七百二十九而止，玄其所自造，任意可也。康節著先天圖，自兩至八，易之所有也；自八而爲十六、三十

二、六十四，以至於百千萬億而無窮，又豈易之所有乎？是亦邵子之數學，而非古聖人之易矣。朱子嘗云：「康節之學似揚子雲。」又云：「康節數學源流於陳希夷，希夷，老氏之徒也。不啻若子雲之小疵。」朱子斥太玄學本老氏，而顧以出自希夷者爲聖人之易，獨何與？嗟乎！仲尼没而微言絶，七十子喪而大義乖。漢世崇尚黄老，至謂老子兩篇過於五經，子雲擬易，所以墮其玄中也。魏晉諸人皆以老、易混稱，歷唐宋而未艾，伊川始闢異端，專宗十翼，易道昌明如日月之中天矣。而希夷之徒以象數自鳴，復從而亂之。蓋自孔子贊易之後二千年間，其不以老氏之易爲聖人之易者無幾，迨宋末元初，啟蒙之説盛行，以至於今，則反謂文王、周公、孔子之易非伏羲之易，而老、列、希夷、康節之易乃真伏羲之易矣。晦盲否塞五百餘年，非屏絶先天諸圖，而專宗程氏易，不可得而明也。

鯤溟黄氏曰中曰：「卦之短長闊狹彼此如一。若依横圖畫法，下畫一奇一偶，以視四象，每奇偶當截爲二段，八卦當截爲四段，十六當截爲八段，三十二當截爲十六段，六十四當截爲三十二段；其四象、八卦、十六、三十二亦各各當截。若不截，下以一奇一偶牽連上之六十四奇偶，長短不倫；且圓圖如何拗轉方圖？如何堆疊？若依六十四截之，截奇則奇仍是奇，截偶則偶已非偶矣。何也？偶之爲畫，中斷者也。自兩儀一截而後，偶固蚤化而爲奇矣。今觀横圖，亦自知其法不可通，不得已而以黑白分奇偶，大失畫奇偶之本色矣。」

按，横圖逐爻漸生之法，唯揲蓍三變而成爻，十八變而成卦。自初而二，而三，而四，而五，而上，六爻次第得之，誠有然者。然兩儀主一變，言但分奇偶，而初畫則兼三變，三變之餘或老或少，各視其所得之九六七八以爲名，則初畫便當爲四象，不可謂兩儀。四象三畫皆有，獨以中畫爲四象，尤不可也。然則就揲蓍言之，其義亦有難通者矣。若夫畫卦之法，三才一時俱備，豈有先畫一奇一偶，其上復爲一奇一偶之理？康節以揲蓍之序爲畫卦之序，又何怪乎世儒謂「凡卦之畫，必由蓍而後得」也哉！儀禮注云：「卦者，主畫地識音志。爻，爻備以方，寫之方即牘也。」伏羲時書契未興，其始作八卦，不知畫在何處？然亦必有一物焉以載此八卦之象，可知也。信如康節所圖，則初畫最長，中畫半之，終畫又半之，吾不知伏羲既作此象，將截爲八段以示人乎？將連者仍連而聽人之自爲識別乎？抑亦殫其智力以爲之，初如今人之起稿，繼乃更定，劃然分列爲八乎？揆諸事情，決無是理。鯤溟之辯，良足解頤。吾不知季通何以極贊其妙，而朱子舍己從之也。林黄中栗與朱子論易，以一卦之全體爲太極，内外爲兩儀，内外及互體爲四象，又顛倒取爲八卦。朱子曰：「如此則不是生，却是包也。」林曰：「惟其包之，所以生之。」朱子曰：「包如母之懷子，子在母中；生如母之產子，子在母外。」此特據康節之圖以爲言耳。若希夷太極圖作白黑回互之狀，函兩儀、四象、八卦，皆子在母中。譬諸歲時，一歲本一氣耳，析之而爲寒暑則二氣矣，又析之而爲春夏秋冬則四氣矣，又析之而爲分至啟閉則八節矣，皆一分爲二，子在母中者也。至康節變爲橫圖，則兩儀、四象、八卦皆子在母外。初畫爲儀，中畫爲象，終畫爲卦，而太極一畫更居其先，是猶一歲之外別有寒暑，寒暑之外別有四時，四時之外別有八節也。其謬不已甚乎！雖名爲先天，而實失希夷之意矣。

仲氏易曰：「趙宋專襲陳摶先天圖，謂老陽、少陽、老陰、少陰爲四象，而世共遵之。考陰陽老少仍是揲蓍所用，與畫卦不同。惟卦有動靜，爻有貞變，老動少靜，老變少不變，故立此數。今繪圖者先以兩儀爲一重，則自兩畫始，非一畫也。若又加一虛中夾畫於兩儀之前以爲太極，則又別一畫，非卦畫也。乃以兩陰兩陽作四象，而以爲二重。夫老之與少並從已成之卦所推，故乾爲老陽，非老陽而後乾也。當庖羲作乾畫時，雖有二畫，然尚未知所成爲何等，而乃先曰：『此當爲純陽之卦，此畫爲老陽。』有是理乎？此說之必不可通者也。乃作三重畫而并以乾、兌、離、震、巽、坎、艮、坤一齊出之爲八卦，是一畫之後不必成乾，已先作兌、離諸卦之畫，及成乾之後，又不必繼坤，而反以六子之卦成之坤前。將夫子大傳所云『成象乎乾，效法乎坤』與『乾坤成列，因而重之』，一索再索，得男得女諸語，顯然抵梧，去聲。是敢於悖聖，而以此解經，真鹵莽之甚者也。」

按，卦，象也。蓍，數也。左傳韓簡曰：「物生而後有象，象而後有滋，滋而後有數。」蓋數即象之分限節度處，生於象，而不可以生象。康節加一倍法欲以數生卦，非也。四象唯揲蓍三變成爻，後有之乾坤男女即是八卦，不得稱四象，專屬第二畫尤無理。說見上文。

說卦傳曰：「雷以動之，風以散之，雨以潤之，日以晅之，艮以止之，兑以說之，乾以君之，坤以藏之。」

石門梁氏寅曰：「『天地定位』一節首乾坤，此一節則先六子者，蓋前乃先天八卦之體也，故先言不用者而後言用；此乃先天八卦之用也，故先言其用者而後言不用。如文王八卦專以用言之，亦始於震、巽，而退乾於西北，退坤於西南。於此見八卦之體用固當不同也。」

「神也者，妙萬物而爲言者也。動萬物者莫疾乎雷，撓萬物者莫疾乎風，熯萬物者莫熯乎火，說萬物者莫說乎澤，潤萬物者莫潤乎水，終萬物始萬物者莫盛乎艮。故水火相逮，雷風不相悖，山澤通氣，然後能變化，既成萬物也。」

平菴項氏曰：「動、撓、燥、說、潤、盛皆據後天分治之序，而相逮、不相悖、通氣、變化復據先天相合之位者，明五氣順布，四季分王之時；無極之真，二五之精所以妙合而凝者，未始有戾於先天之學也。苟無此章，則文王爲无體，伏羲爲无用矣。」又曰：「先天之首以天地山澤雷風水火爲序，後天之末乃自水火雷風山澤天地倒而言之。彼言乾坤之用成於坎離，此推坎離之功歸於乾坤也。」

按，「天地定位」、「雷以動之」二章，皆以對待之體言，一首乾坤，明六子所自出，一先六子，而歸功於乾坤，未見其爲先天之方位也。「帝出乎震」章，以流行之用言，故順四時以爲序，而各著其方位。「神也者」章，兼流行對待言之，動、撓、燥、說、潤、盛，流行之用也；水火、雷風、山澤，對待之體也。雖不言乾坤，而六子之功用莫非乾坤之所爲，神與變化正指乾坤而言，與「雷以動之」章略同。亦無以見上六句爲後天之位，而下三句爲先天之位也。横圖、方圖從中起者爲震巽，人皆謂根柢於此。自余觀之，「三索章」先父母而後六子，此兩章先六子而後父母，要皆歸重於乾坤。豈有六子居母前之理？此天地之大經，古今之通義，而邵圖紊亂如此，尚可信乎？

右論邵子伏羲八卦次序。

說卦傳曰：「天地定位，山澤通氣，雷風相薄，水火不相射。八卦相錯。數往者順，知來者逆，是故易逆數也。」數往，色主反。逆數，色具反。

韓氏康伯注曰：「易八卦相錯，變化理備。於往則順而知之，於來則逆而數之。」又曰：「作易以逆覩來事，以前民用。」

孔氏穎達正義曰：「此一節就卦象明重卦之意。易以乾坤象天地，艮兑象山澤，震巽象雷風，坎離象水火。若使天地不交，水火異處，則庶類無生成之用，品物無變化之理，所以因而重之，令八卦相錯，則天地人事莫不備矣。故云：天地定位而合德，山澤異體而通氣，雷風各動而相薄，水火不相入而相資。既八卦之用變化如此，故聖人重卦令八卦相錯。乾、坤、震、巽、坎、離、艮、兑莫不交互而相重，以象天、地、雷、風、水、火、山、澤莫不交錯，則易之爻卦與天地等，成性命之理，吉凶之數，既往之事，將來之幾，備在爻卦之中矣。故易之爲用，人欲數知既往之事者，易則順後而知之；人欲數知將來之事者，易則逆前而數之。是故聖人用此易道，以逆數知來事也。」

平庵項氏曰：「數往者順，即卦以藏往也；知來者逆，即蓍以知來也。」

丘氏程曰：「易言藏往知來，彰往察來，又言數往知來，則方來已往之事，易皆有以知之。然往者已過而易知，來者未形而難見。易之占筮爲知來設，故曰『易逆數也。』正如所謂『占事知來』，所謂『遂知來物』，所謂『前民用』，皆逆數之謂也。」

亭林顧氏炎武日知録曰：「數往者順，造化人事之迹有常而可驗，順以攷之於前也。知來者逆，變化云爲之動日新而無窮，逆以推之於後也。聖人神以知來，知以藏往，作爲易書以前民用，所設者未然之占，所期者未至之事，是以謂之逆數。雖然，若不本於八卦已成之迹，亦安所觀其會通而繫之爻象乎？是以天下之言性也，則故而已矣。」

劉汝佳云：「天地間一理也，聖人因其理而畫爲卦以象之，因其象而著爲變以占之。象者，體也，象其已然者也。占者，用也，占其未然者也。已然者爲往，往則有順之之義焉；未然者爲來，來則有逆之之義焉。如象天而畫爲乾，象地而畫爲坤，象雷風而畫爲震巽，象水火而畫爲坎離，象山澤而畫爲艮兑，此皆『觀變於陰陽而立卦，發揮於剛柔而生爻』者也。不謂之『數往者順』乎？如筮得乾，而知『乾，元亨，利貞』；筮得坤，而知『坤，元亨，利牝馬之貞』；筮得震，而知『震，亨。震來虩虩，笑言啞啞』；筮得巽，而知『巽，小亨。利有攸往，利見大人』；筮得坎，而知『習坎，有孚維心，亨，行有尚』；筮得離，而知『離，利貞，亨。畜牝牛，吉』；筮得艮，而知『艮其背，不獲其身。行其庭，不見其人』；筮得兑，而知『兑，亨，利貞』。此皆『通神明之德，類萬物之情』者也。不謂之『知來者逆』乎？夫其順數已往，正所以逆推將來也。孔子曰：『殷因於夏禮，所損益可知也。周因於殷禮，所損益可知也。』數往者順也；『其或繼周者，雖百世可知也。』知來者逆也。

故曰：『易逆數也。』若如邵子之説，則是羲、文之易已判而爲二，而又以震、離、兑、乾爲數已生之卦，巽、坎、艮、坤爲推未生之卦，殆不免强孔子之書以就己之説矣。」

按，此章與八方之位無涉。「天地定位」，言乾坤自爲匹也；「山澤通氣」，言艮兑自爲匹也；「雷風相薄」，言震巽自爲匹也；「水火不相射」，言坎離自爲匹也。至於「八卦相錯」，則天或位乎下，地或位乎上，而且與六子之位同列矣。山澤之氣不但二者自相通，而且與天地、雷風、水火之氣互相通矣。雷風、水火亦然。上四句即所謂「八卦成列，象在其中」，下一句即所謂「因而重之，爻在其中」也，意重下句。孔疏云：「就卦象明重卦之意。」深得經旨。夫子大象皆以二體八物發明其義，此節正其注脚。「八卦相錯」，是爲六十四卦，而占筮之法生焉。「卦之德方以知」，「知以藏往」，所謂『數往者順』也；「君子居則觀其象而玩其辭」，藏往之學也。「蓍之德圓而神」，「神以知來」，所謂「知來者逆」也；君子「動則觀其變而玩其占」，知來之道也。雖往來並舉，却重在知來，知來乃揲蓍求卦之事。繫辭傳云：「極數知來之謂占。」又云：「無有遠近幽深，遂知來物。」又云：「占事知來。」有一不以蓍言者乎？於卦何與焉？卦主象，蓍主數。雖象中亦有數，數中亦有象，然其間有賓主之辨。韓康伯曰：「蓍極數以定象，卦備象以盡數。」賓主極其分明。希夷之圖，象學也。而康節則專精於數，故往往以蓍數爲卦象，與經旨背。至於據橫圖從中折取，以自震至乾爲順數已生之卦，自巽至坤爲逆推未生之卦，然則「易逆數也」，豈專用巽、坎、艮、坤而不用乾、兌、離、震乎？就其言解之，已有不可得通者矣。

伏羲八卦方位

本義圖說：「說卦傳曰：『天地定位，山澤通氣，雷風相薄，水火不相射。八卦相錯。數往者順，知來者逆。』邵子曰：『乾南坤北，離東坎西，震東北，兌東南，巽西南，艮西北。

自震至乾爲順，自巽至坤爲逆。後六十四卦方位倣此。』」

易學啟蒙：「邵子曰：『此一節明伏羲八卦也。八卦相錯者，明交相錯而成六十四也。數往者順，若順天而行，是左旋也，皆已生之卦也。故曰數往也。知來者逆，若逆天而行，是右行也，皆未生之卦也。故云知來也。夫易之數由逆而成矣。此一節直解圖意，若逆知四時之謂也。』」以橫圖觀之，有乾一而後有兑二，有兑二而後有離三，有離三而後有震四，有震四而巽五、坎六、艮七、坤八亦以次而生焉。此易之所以成也。而圓圖之左方，自震之初爲冬至，離、兑之中爲春分，以至於乾之末而交夏至焉。皆進而得其已生之卦，猶自今日而追數昨日也。故曰「數往者順」。其右方，自巽之初爲夏至，坎、艮之中爲秋分，以至於坤之末而交冬至焉。皆進而得其未生之卦，猶自今日而逆計來日也。故曰「知來者逆」。然本易之所以成，則其先後始終如橫圖及圓圖右方之序而已。故曰「易逆數也」。

邵子觀物外篇曰：「震始交陰而陽生，巽始消陽而陰生。兑，陽長也；艮，陰長也。震兑，在天之陰也，巽艮，在地之陽也。故震兑上陰而下陽，巽艮上陽而下陰。天以始生言之，故陰上而陽下，交泰之義也；地以既成言之，故陽上而陰下，尊卑之義也。乾坤定上下之位，離坎列左右之門，天地之所闔闢，日月之所出入。是以春夏秋冬、晦朔弦望、晝夜長短、行度盈縮，莫不由乎此矣。」

朱子語類曰：「先天圖直是精微，不起於邵子，希夷以前元有，只是祕而不傳。次第是方士輩所相傳授，參同契中所言，亦有些意思。」

按，「震始交陰而陽生」，謂震與坤接而一陽生於下，三日夕月出庚納震，一陽之氣也。即參同契所謂「三日出爲爽，震庚受西方」也。「巽始消陽而陰生」，謂巽與乾接而一陰生於下，十六日旦月退辛納巽，一陰之氣也。即參同契所謂「十六轉就緒，巽辛見平明」也。自震一陽進而納兑之二陽，至乾三陽而滿，此望前三候明生魄死之月象也。自巽一陰退而納艮之二陰，至坤三陰而滅，此望後三候魄生明死之月象也。禮運曰：「播五行於四時，和而後月生也。是以三五而盈，三五而闕。」正合此意。「播五行於四時」，以一歲中四氣之流行言之，出震齊巽之方位是也。「三五而盈，三五而闕」，以一月中月體之消長言之，乾南坤北之方位是也。

熊氏朋來五經説曰：「參同契云：『易謂坎離。』又云：『日月爲易』，『乾坤門户』，『坎離匡廓』，『牝牡四卦』。先天以乾、坤、坎、離牝牡兑、震、巽、艮四卦。又云：『坎離者，乾坤二用。』老陽變陰用九，老陰變陽用六，其牝牡之體，九六之用，皆坎離也。姑就參同契言之，則先後天圖已在其中。乾坤爐鼎，坎離水火。故後天坎離居先天乾坤之位，以坎中陽實離中陰虚仍爲乾坤，故丹經謂之『還元』。乾專於陽，坤專於陰。曰爐鼎者，器之。惟夫離己日光，坎戊月精，互相根依，在納甲則主中宫戊己之功，在先天則爲日東月西之象，在後天則正火南水北之位。八卦中乾兑二金，坤艮二土，震巽二木，皆陰陽和順；惟坎離水陰根陽，火陽根陰，不同他卦。天降而地升，陽倡而陰和。坎離者，天地之交也。故日爲太陽精，離者日之象。何不三爻純陽，而中有陰爻？纔説太陽，其間便有少陰。所以日納月之烏，認得日中有月，則可以知離卦。月爲太陰精，坎者月之象。何不三爻純陰，而中有陽爻？纔説太陰，其間便有少陽。所以月納日之兔，認得月中有日，可以知坎卦。乾坤，乾與離同受太極之陽，而離者中虚之乾；坤與坎同受太極之陰，而坎者中滿之坤。乾坤，太極之兩儀；坎離，太極之四象。是以坎離二卦常爲陰陽造化之樞紐也。」

乾南坤北、離東坎西之圖，朱子雖知其出於參同契，而不欲盡言，至熊與可始發其隱。崑山吴先輩喬著他石録，其外篇儒辨曰：「六經多被混亂，尤甚者易，易中尤甚者先天八卦。夫卦之方位，『帝出乎震』章八方有明文，『天地定位』章不言八方，蓋謂有天上地下之否，而亦有地上天下之泰，八卦相盪而成六十四卦也。逆數者，卜筮而前知吉凶也。先天之文見於乾卦，先讀去聲，非邵子之所謂也。愚嘗得張平叔悟真篇之傳於方外士，宋天台張伯端，字平叔，一名用成，撰通玄秘要、悟真篇一卷。其意與邵子之圖適合。離東者，移火於木位，『東三南二同成五』也。坎西者，移水於金位，『北一西將四共之』也。乾南坤北者，移坎之中實以填離之中虚，而成金丹，『三家相見結嬰兒』也。巽居西南坤位，以長女合老陰，『黄婆』也。艮居西北乾位，以少男合老陽，『築基』也。兑居東南巽位，以少女合長女，隱寓三七於其中，『鼎器』也。震居東北艮位，以長男合少男，隱寓二八於其中，『藥物』也。其於數往知來，遥寓『順則成人逆則仙』也。易道無所不包，何獨丹法？凡醫藥、相地、三命等，無不倚之以立言，而離於文王處憂患，孔子『無大過』，即非吾儒之易。希夷，仙也，不妨以外道説易。邵子交於二程，何可出此？考亭於丹道有所見，是以手注魏伯陽之參同契，見邵子之圖欣然會心，入之本義，而不計丹道可以倚易，易不爲丹道作也。本義之混濫者多矣，以『天地定位』章爲第一。」渭按，「丹道可以倚易，易不爲丹道作。」又云：「易道無所不包，而離於文王處憂患，孔子『無大過』，即非吾儒之易。」此真千古格言。方技家既借「天地定位」四句撰爲此圖，下文順逆，亦自有其説。邵子已生、未生之解，大非；順則成人逆則仙，脩齡義亦有所未盡。説在參同契「坎離之爲易」也。

周易參同契曰：「天地設位，而易行乎其中矣。天地，乾坤也。」「易謂坎離，坎離者，乾坤二用。二用無爻位，周流行六虚，往來既不定，上下亦無常。」又曰：「坎戊月精，離己日光。日月爲易，剛柔相當。」又曰：「人所禀軀，體本一元。元精雲布，因氣託初。陰陽爲度，魂魄所居。陽神日魂，陰神月魄。魂之與魄，互爲室宅。」

朱子語類曰：「參同契所言坎離、水火、龍虎、鉛汞之屬，只是互换其名，其實則精氣二者而已。精，水也，坎也，龍也，汞也。氣，火也，離也，虎也，鉛也。其法以神運精氣，結而爲丹。陽氣在下，初成水，以火鍊之，則凝神丹，内外異色，如鴨子卵。」又曰：「水一也，火二也。以魂載魄，以二守一，則水火相濟而不相離，所以能永年也。養生家千言萬語，説龍説虎，説鉛説汞，説坎説離，其術只如此而已。」

先天八卦方位，丹家用之最親切而有味。其所謂「易者，坎離也」，與儒學不同，故解此章之順逆，亦自有其義。孔子之意在蓍卦，丹家之意在水火。人之一身，乾爲首，坤爲腹；自首以下有心，心屬火而爲氣之總會；自腹以下有腎，腎屬水而爲精之所藏。火炎上，水潤下，自有生而已然，所謂「數往者順」也。及加以修鍊之功，以乾坤爲鑪鼎，坎離爲鉛汞，務使火降而下，水升而上，所謂「知來者逆」也。鼎器歌云：「陰在上，陽下奔。陰謂水，陽謂火。」丹家以坎離爲易，水下而反上，火上而反下，故曰「易逆數也」。説卦離南而坎北，丹家抽坎之中實以填離之中虚，故乾南而坤北。參同契云：「子南午北，互爲綱紀。一九之數，終而復始。」亦此義也。人之生也，火在水上，未濟之象也；神丹既成，則水在火上，爲既濟，以魂守魄，使陰陽不相離，可以長生而久視。仙訣云：「五行順行，法界火坑。五行顛倒，大地七寶。」是爲「順則成人逆則仙」也。邵子小横圖用加一倍法，以爲伏羲八卦之次序，誤矣。而又推之於方位，以自震至乾爲順，自巽至坤爲逆，且喻之以左旋右行。夫天之與日月五星也，左則俱左，右則俱右，豈有左右各半之理乎？既失丹家之旨，又非孔子之義，無一而可者也。

或問：子以希夷先天圖爲康節之學所自出，其詳可得聞乎？曰：康節受易於李之才，以先天古易衍其旨，著書十餘萬言，謂皇極經世、觀物内外篇、漁樵問對。以發希夷之蘊。史稱「探賾索隱，妙悟神契，洞徹蘊奥，汪洋浩博，多其所自得」者，此實録也。今以八卦次序方位圖攷之，太極即希夷先天圖之環中也。初畫爲兩儀，即圈之白黑各半，左右回互者；中畫爲四象，即白中之黑，黑中之白，與半白、半黑而爲四也；終畫爲八卦，即一圈界分爲八，而八卦奇偶之畫與白黑之質相應者也。從中折取，則乾南坤北，離東坎西，震東北，兑東南，巽西南，艮西北，八卦有方位而九宫具焉也。圓者引之使長，合者擘之使分，而圖遂化爲畫矣。然兩儀、四象、八卦皆子在母外，既失希夷之本意，而又以白代單，以黑代拆，則乾之☰連☰，變爲三白☰，坤之六斷☷，變爲三黑☷，六子皆然。坎離即水火匡廓之形。表畫以色，有奇無偶，大非三代以來相傳之卦象。瀆經侮聖，與劉牧無異，何爲其從之也。

右論邵子伏羲八卦方位。

易圖明辨卷七

先天古易下

繫辭傳曰：「八卦成列，象在其中矣。因而重之，爻在其中矣。」又曰：「易之爲書也，廣大悉備，有天道焉，有人道焉，有地道焉。兼三才而兩之，故六。六者非他也，三才之道也。」說卦傳曰：「昔者聖人之作易也，將以順性命之理，是以立天之道曰陰與陽，立地之道曰柔與剛，立人之道曰仁與義。兼三才而兩之，故易六畫而成卦。分陰分陽，迭用柔剛，故易六位而成章。」

按，夫子曰重曰兼，明是倍三爲六，非逐爻漸生之謂。本義猶從舊解，云：「因而重之，謂各因一卦，而以八卦次第加之爲六十四。」又云：「三畫已具三才，重之故六。」至圖說，則與邵義並存，而以邵爲善。及蔡氏草啟蒙，則專主觀物外篇，而顯背經文，亦有所不顧矣。

大傳但云包犧氏始作八卦，其因而重之以爲六十四者，不言其人。先儒或以爲神農，或以爲大禹，或以爲文王，總無確證。然吾觀夫子所陳十三卦制器尚象之事，唯網罟創自包犧，取諸離之純卦，而耒耨之利取諸益，日中爲市取諸噬嗑，皆神農之所爲也。則謂神農重卦者，庶幾得之。蓋伏羲雖有因重之意，而八卦成列之後，未嘗復加之畫，至神農則始一一演之，以爲六十四卦、三百八十四爻，而重卦之名至黃帝乃備耳。子曰：「聖人立象以盡意，設卦以盡情僞。」蓋立象即八卦成列，設卦即因而重之，伏羲略而神農詳也。若夫重卦之次序，絶無可考。連山首艮，歸藏首坤，先儒雖有是說，而其書已亡，自艮、坤以後六十三卦，其次序不知如何。今可言者，獨文王所演之易象耳。或云烈山氏之易，文王因之，烈山氏即神農也。首乾坤，終二濟，兩兩反對皆有至理，安得於此外更造一圖，以爲伏羲六十四卦之次序哉？智者之鑿，孟子之所惡也。

伏羲六十四卦次序

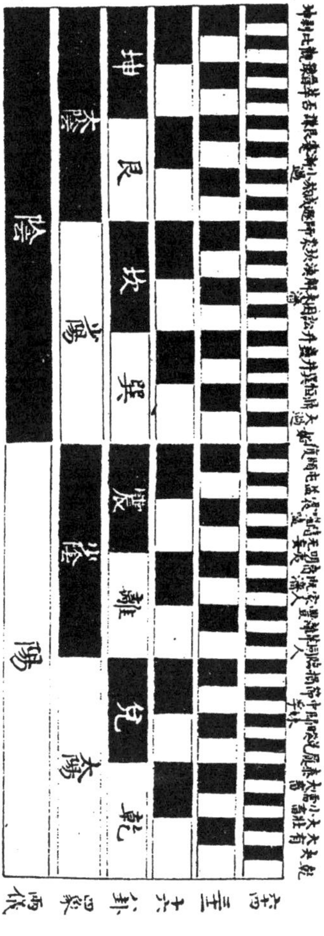

本義圖説曰：「前八卦次序圖，即繫辭傳所謂『八卦成列』者；此圖即其所謂『因而重之』者也。故下三畫即前圖之八卦，上三畫則各以其序重之，而下卦因亦各衍而爲八也。若逐爻漸生，則邵子所謂『八分爲十六，十六分爲三十二，三十二分爲六十四』者，尤見法象自然之妙也。」

易學啓蒙曰：「八卦之上各生一奇一偶，而爲四畫者十六，於經無見，邵子所謂『八分爲十六』者是也，又爲兩儀之上各加八卦，又爲八卦之上各加兩儀也。四畫之上各生一奇一偶，而爲五畫者三十二，邵子所謂『分爲三十二』者是也，又爲四象之上各加八卦，又爲八卦之上各加四象也。五畫之上各生一奇一偶，而爲六畫者六十四，則『兼三才而兩之』，而八卦之乘八卦亦周於是，六十四卦之名立，而易道大成矣。周禮所謂三易之别皆六十有四，大傳所謂『因而重之，爻在其中矣』，邵子所謂『三十二分爲六十四』者是也。若於其上各卦又各生一奇一偶，則爲七畫者百二十八矣；七畫之上又各生一奇一偶，則爲八畫者二百五十六矣；八畫之上又各生一奇一偶，則爲九畫者五百十二矣；九畫之上又各生一奇一偶，則爲十畫者千二十四矣；十畫之上又各生一奇一偶，則爲十一畫者二千四十八矣；十一畫之上又各生一奇一偶，則爲十二畫者四千九十六矣。此焦贛易林變卦之數，蓋以六十四乘六十四也。今不復爲圖於此，而略見第四篇中。若自十二畫上又各生一奇一偶，累至二十四畫，則成千六百七十七萬七千二百一十六變，以四千九十六自相乘，其數亦與此合。引而伸之，蓋未知其所終極也。雖未見其用處，然亦足以見易道之無窮矣。」

康節先天之學，其病根全在小横圖。蓋八卦之次序既乖，則其論方位亦誤，六十四卦之次序方位，更不待言矣。而吾竊有怪於啟蒙之説也。數用加一倍法，可以推之百千萬億而無窮，若易卦則六畫而止，其變而之他，亦不過六畫。即如焦氏易林，每一卦變爲六十四，至四千九十六，其本卦仍自爲本卦，之卦别自爲之卦，曷嘗屋上架屋，於六畫之上復自七畫遞加至十二畫乎？而且云：「自十二畫上又累至二十四畫，引而伸之，未知其所終極，足以見易道之無窮也。」夫易道無窮，而卦畫則有窮。季通之稿荒謬至此，朱子曾不一是正，何歟？

仲氏易曰：「夫『兩儀』、『四象』者，生卦之序，非畫卦之序也。『因而重之』者，以三重三，非謂二可重一，四可重二，八可重四也。故就其成卦而觀之，則由兩而四，由四而八，由八而至六十四，未爲不可，而就其畫卦而觀之則不然。夫伏羲但畫八卦耳，何曾畫六十四卦乎？繫辭傳曰：『乾坤成列，易立其中』，則先畫乾坤。又曰：『八卦成列，象在其中』，則次畫八卦。又曰：『因而重之，爻在其中』，則於是不再畫也。第因其所畫，而複配之爲六十四卦，而易象終焉。故周禮『經卦皆八』。揚雄謂：『宓羲經以八卦。』孔安國曰：『伏羲氏之王天下也，始畫八卦。』皆以畫八卦爲一截，未嘗一及重卦。而重卦之起，舊有歸之神農者，京房引孔子之言曰：神農重乎八純。謂取伏羲八純卦而重之爲六十四卦。史記亦云：神農始作重卦。有歸之大禹者，周禮：三易，一曰連山，即夏易，謂以重艮爲連山也。晉孫盛曰：夏禹修用連山，以艮之重卦爲夏易首。雖其說不可深信，然亦以見八卦與六十四卦縱成自伏羲，亦必不連次而加畫之，斷可識矣。故先天之圖其誤有八：一、畫繁：自一畫爲陽，二畫爲陰，三一爲乾，三二爲坤，而其畫已畢，未有畫至六十四卦者。今圖取巧便，但以黑爲陰，白爲陽耳，此非羲畫法也。若羲畫原法則黑皆兩畫，是六十四卦在陽有一百九十二畫，在陰有三百八十四畫，太不憚煩矣。此非自然因重之數也。其誤一也。二、四五無名：四象分四畫爲太陽、少陰、少陽、太陰，今增至十六畫，又增至三十二畫，則可名十六象、三十二象乎？抑仍名四象乎？若仍名四象，則八卦又生四象矣。其誤二也。三、三六無住法：惟只有三畫，并無四畫五畫之加，故三畫而止，便可名之爲八卦。如連翩加畫，則何以三畫有名，四畫五畫秖空畫，更無名也？且何以見畫之當止於三、止於六也？其誤三也。四、不因：乾坤成列畫八卦，八卦成列始作重卦，故曰因而重之。因者，因成列之卦也。若一連畫去，何所因乎？其誤四也。五、父子母女並生：乾父坤母，合生六子，引繫辭明言次第也。今八卦并生，其誤五也。六、子先母，女先男，少先長：六子俱先坤，兑離先震，巽先坎，兑又先離，離又先巽，於一索再索之叙俱失盡矣。羲畫次第必不如是，其誤六也。七、卦位不合：説卦卦位，千古不蔑。今以第加之畫而環圖之，乾一右轉，巽五左旋，以乾南坤北、離東坎西爲象，此實本魏氏參同契「乾坤運軸，坎離匡廓」之圖，而妄名先天。致邵子以「雷風相薄，水火不相射」爲證，其誤七也。八、卦數杜撰無據：卦原無數，但以大衍之數推之，則乾西北卦正當地六相成之數，故曰乾六；坤西南卦正當天九相成之數，故曰坤九。今無故而爲乾一兑二離三震四之數，此何據乎？其誤八也。具此八誤，而以爲伏羲畫卦次第如是，不可通矣。」

按，仲氏八誤之辯剖析無遺，總由伏羲六十四卦次序元無可考，而任意爲之，所以來後人之彈射也。冠諸經首，不愈彰邵子之過乎？

右論邵子伏羲六十四卦次序。

伏羲六十四卦方位

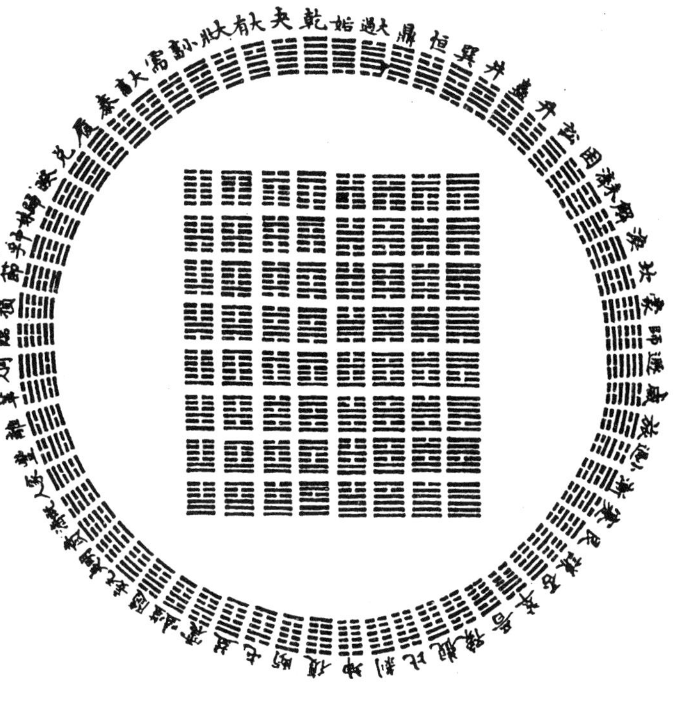

本義圖說曰：「右伏羲四圖，其說皆出於邵氏。蓋邵氏得之李之才挺之，挺之得之穆

修伯長，伯長得之華山希夷先生陳摶圖南者，所謂先天之學也。此圖圓布者，乾盡午中，坤盡子中，離盡卯中，坎盡酉中；陽生於子中，極於午中，陰生於午中，極於子中，其陽在南，其陰在北。方布者，乾始於西北，坤盡於東南，其陽在北，其陰在南。此二者陰陽對待之數，圓於外者爲陽，方於中者爲陰，圓者動而爲天，方者静而爲地者也。」

邵子觀物外篇曰：「夫易根於乾坤，而生於姤復，蓋剛交柔而爲復，柔交剛而爲姤，自兹而無窮矣。」又曰：「復至乾凡百一十有二陽，姤至坤凡八十陽；姤至坤凡百一十有二陰，復至乾凡八十陰。」

邵氏伯温曰：「先君云：乾坤大父母也，故能生八卦。復姤小父母也，故能生六十四卦。」

朱子語類：「董銖〔一〕問：『先天圖有自然之象數，伏羲當初亦知其然否？』曰：『也不見得如何。但横圖〔二〕據現在底畫，較自然。圓圖便是就這中間拗做兩截，恁地轉來者是奇，恁地轉去底是偶，有些造作，不甚依他元初畫底。」

〔一〕董銖，語類卷六十六作「安卿」。
〔二〕語類卷六十六「横圖」二字作「圓圖是有些子造作模樣，如方圖只是」。

黄氏宗炎曰：「圖南本黄冠師，此圖不過仙家養生之所寓，故牽節候以配合，毫無義理。再三傳而堯夫受之，指爲性天窟宅，千古不發之精藴盡在此圖。本義崇而奉焉，證是義皇心傳，置夫大易之首，以言乎數則不逮京房、焦贛之可徵，以言乎理則遠遜輔嗣、正叔之可據。且曲爲之説曰：『此圖失自秦火，流於方外，自相授受，不入人間。』夫易爲卜筮之書，不在禁例，宜并其圖而不禁，豈有止許民間藏卦爻，而獨不許藏圖之事？朱元晦與王子合書云：『邵氏言伏羲卦位近於穿鑿附會，且當闕之。』乃易學啟蒙、本義又如此其敬信，不可解也。」

按，夫子云：「八卦成列，象在其中矣。因而重之，爻在其中矣。」又云：「八卦相盪」，「八卦相錯」。六十四卦皆三畫八卦之所生也。姤復同在六十四卦中，豈能生諸卦乎？康節受學於李挺之，挺之六十四卦相生圖，凡五陰一陽、五陽一陰之卦皆自姤復而來；凡四陰二陽、四陽二陰之卦皆自臨遯而來，凡三陰三陽、三陽三陰之卦皆自泰否而來，此即「姤復小父母」之意。蓋推乾、坤三索之説，施之於六畫卦，故有是圖。然姤復所生止十卦，而康節舉臨、遯、否、泰之所生，悉歸之姤復，則又與挺之異。就今六十四卦觀之，逐爻變遷，義亦可通，伏羲作易之初，實不爾也。其中間拗爲兩截，左陽右陰，則又極其造作，而非法象自然之妙矣。

擊壤集詩曰：「耳目聰明男子身，洪鈞賦予不爲貧。須探月窟方知物，未躡天根豈識人。乾遇巽時觀月窟，地逢雷處見天根。天根月窟閒來往，三十六宮都是春。」

石澗俞氏曰：「月窟在上，天根在下，往來乎月窟天根之間者，心也。何謂三十六宮？乾一、兑二、離三、震四、巽五、坎六、艮七、坤八是也。『三十六宮都是春』，謂和氣周流乎一身也。如此則三十六宮不在紙上，而在吾身中矣。」

黄氏象數論曰：「康節因先天圖而創爲天根月窟，即參同契『乾坤門户、牝牡』之論也。故以八卦言者，指坤、震二卦之間爲天根，以其爲一陽所生之處也；指乾、巽二卦之間爲月窟，以其爲一陰所生之處也。程前村直方謂：『天根在卯，離、兑之中是也；月窟在酉，坎、艮之中是也。』引爾雅『天根，氐也』、長楊賦『西壓月窟』證之。然與『乾遇巽』、『地逢雷』之義背矣。以六十四卦言者，朱子曰：『天根月窟指復、姤二卦。』有以十二辟卦言者，十一月爲天根，五月爲月窟。其三十六宮，凡有六説。以八卦言者三，乾一、兑二、離三、震四、巽五、坎六、艮七、坤八之次第，積數爲三十六。乾一對坤八爲九，兑二對艮七爲九，離三對坎六爲九，震四對巽五爲九，四九亦三十六。乾畫三，坤畫六，震、坎、艮畫各五，巽、離、兑畫各四，積數亦三十六。以六十四卦言者二，朱子曰：『卦之不易者有八，乾、坤、坎、離、頤、中孚、大過、小過。反易者二十八，合之爲三十六。』方虚谷回曰：『復起子左得一百八十日，姤起午右得一百八十日。一旬爲一宮，三百六十日爲三十六宮。』以十二辟卦言者一，鮑魯齋恂曰：『自復至乾六卦，陽爻二十一，陰爻十五，合之則三十六。自姤至坤六卦，陰爻二十一，陽爻十五，合之亦三十六。陽爻陰爻總七十二，以配合言，故云三十六。』按，諸説雖異，其以陽生爲天根，陰生爲月窟，無不同也。蓋康節之意，所謂天根者，性也；所謂月窟者，命也。性命雙修，老氏之學也。愚謂，煉己是修性，進火是修命。其理爲易所無，故其數與易無涉也。」

按，天根月窟即參同納甲之説。天，陽也。月，陰也。以八卦言之，月三日生明於庚，納震一陽之氣，庚當乾終巽始，故曰『乾遇巽時觀月窟。』震一陽始交於甲，納乾初九之氣，甲當坤終震始，故曰「地逢雷處見天根」也。以六十四卦言之，純乾遇巽之一陰，是爲姤，於月爲生魄，陽消陰息自此始，故謂之月窟，即「乾盡午中而陰生」之謂也。純坤遇震之一陽，是謂復，於月爲合朔，陰消陽息自此始，故謂之天根，即「坤盡子中而陽生」之謂也。參同契云：「晦至朔旦，震來受符，當斯之時，天地媾其精，日月相撢持，雄陽播玄施，雌陰化黃包，混沌相交接，權輿樹根基。」邵子所謂「地逢雷處見天根」者是。三十六宮，朱子之義較長。蓋人身之天根在尾閭，月窟在泥丸。脩錬之法，夜子以心神注氣海，謂之生藥；子後則自尾閭進火，以達於泥丸，午中則自泥丸還元，以訖於尾閭。從復姤用功，而諸卦皆到，上下往來，終而復始，和氣滿腔，盎然流溢，故曰「三十六宫都是春」也。邵子雖不事修鍊，而其理固已洞徹，丹家秘寶和盤托出矣。

或問：邵子既知此理，何不事修鍊？曰：修鍊亦是苦功，頗妨人作樂。邵子襟懷疎放，得蒙莊逍遥之趣，可以養生，可以盡年，無所待於修鍊，故知而不爲。其詩曰「不佞禪伯，不諛方士」，自是真實語，非因與二程游而有所掩飾也。

朱子語類：「周謨問：『先天卦氣相接，皆是左旋。蓋乾接以巽初〔一〕姤卦，便是一陰生；坤接以震初〔二〕復卦，便是一陽生。自復卦一陽生，十一月。盡震四、離三，一十六卦，然後得臨卦；十二月。又盡兑二，凡八卦，然後得泰卦；正月。又隔四卦得大壯；二月。又隔大有一卦得夬；三月。夬接乾，四月。乾接姤。自姤卦一陰生，五月。盡巽五、坎六，一十六卦，然後得遯卦；六月。又盡艮七，凡八卦，然後得否卦；七月。又隔四卦得觀；八月。又隔比一卦得剥；九月。剥接坤；十月。坤接復。周而復始，循環無端。卦氣左旋，而一歲十二月之卦皆得其序。但陰陽初生，各歷十六卦而得一月，又歷八卦再得一月；至陰陽將極處，只歷四卦爲一月，又歷一卦，遂一併三卦相接。其初如此之疎，其末如此

〔一〕〔二〕「初」，朱子語類卷六十五原文作「末」。

之密，此陰陽盈縮當然之理歟？然此圖於復卦之下書曰「冬至子中」，於姤卦之下書曰「夏至午中」，此固無可疑者。獨於臨卦之下書曰「春分卯中」，則臨卦本爲十二月之卦，而春分合在泰卦之下，於遯卦之下書曰「秋分酉中」，則遯卦本爲六月之卦，而秋分合在否卦之下，是固不可曉者[一]。』答曰：『伏羲易自是伏羲說話，文王易自是文王說話，固不可交互求合。所看先天卦氣盈縮[二]子細，某亦嘗如此理會來，而未得其說。』」

黄氏象數論曰：「易緯有卦氣之法，京房精於其學。以坎、震、離、兑主二十四氣，其餘六十卦起自中孚，卦有六爻，爻主一日，凡主三百六十日，餘五日四分日之一。每日分爲八十分，五日得四百分，四分日之一得二十分，積四百二十分。均於六十卦，六七四十二，每卦得六日七分。又於六十卦之中，別置復、臨、泰、大壯、夬、乾、姤、遯、否、觀、剥、坤十二以爲辟卦，每爻各主一候。自復至乾爲息卦，曰太陽。自姤至坤爲消卦，曰太陰。息卦所屬者曰少陽，消卦所屬者曰少陰。故孔穎達復象『反復其道，七日來復』之疏謂：『剥卦陽氣之盡，在於九月之末。十月純坤用事，坤卦之盡則復卦陽來。坤卦有六日七

[一]「是固不可曉者」句，朱子語類卷六十五無，有另一大段話。
[二]此下語類卷六十五有一「極」字。

分，舉成數故言七日。』王昭素駁之曰：『坤卦之盡復卦陽來，則十月之節終，一陽便來，不得到冬至之日矣。據其節終尚去冬至十五日，則卦七日之義，難用易緯之數。』某以爲昭素駁之是矣。然昭素未悉卦氣之法，不能鍼其錮疾也。以十二辟卦言之，剥之至復，所隔唯坤六爻，其一爻當一候，一候得五日五分〔一〕六分分之五，六爻得三十日三十五分，非七日也。以六十卦言之，一卦六日七分，剥之至復，中隔艮、既濟、噬嗑、大過、坤、未濟、蹇、頤、中孚九卦，計五十四日六十三分，非一卦也。孔氏牽合兩者，故其説不能合。易之『七日來復』，取卦之反易爲義，反剥爲復，所歷七爻，以一日爲一爻，故曰『反復其道』，反復即反覆也。與卦氣何與？即使孔氏之疏能合卦氣，則易之辭無乃爲卦氣圖説乎？爲卦氣之法者，宓戲耶？文王耶？先儒之議卦氣者，謂卦氣〔二〕不起於中孚，而起於復。中孚爲大雪之終，氣至冬至而始盡，故繫於冬至之下。中孚之於冬至，於象於名兩無當也。然觀太玄之辭曰：『陽氣藏於黄宫，信無不在其中。』則中孚之直冬至者，顧以其名耳。太玄之釋卦序，自辟卦之外，無不以其名爲義也。又何獨疑於中孚乎？所

〔一〕「分」，四庫本、經解本作「十」，據易學象數論原文改。
〔二〕「卦氣」，易學象數論原文作「冬至」。

謂六日七分者，六日既盡，七分便爲來日之始，非必取足八十分，而自爲一日也。趙汝楳乃以餘算歸之一卦，於是有一卦直七日者，失其意矣。葉氏則以七分爲之氣盈，六十卦餘五日二十分，若積餘以置閏者，是一卦直六日，且并京、焦之學失其傳也。」

「六日七分之説相傳最久，其餘卦氣皆自後起。有自乾至未濟，並依易書本序，以一卦直一日，乾直甲子，坤直乙丑，至未濟直癸亥，乃盡六十日，六周而三百六十日。四正卦則直二分二至，坎冬至，離夏至，震春分，兑秋分，不在六十卦輪直之列者，焦氏之法也。有以乾、坤、坎、離四卦爲橐籥，餘六十卦依序卦，一爻直一時，一月有三百六十時足其數者，又以十二辟卦每卦管領一時，魏伯陽之法也。」「至宋而後，有所謂先天圖者，於是邵子以六日七分之法施於其圖，黜『卦起中孚』之説，以復起冬至，姤起夏至。其以坎、離、震、兑四正卦主二十四氣者，改爲乾、坤、坎、離，此圓圖之卦氣也。張理以方圖覆背置之，泰處於東北，乾處於東南，否處於西南，坤處於西北，亦以冬至起復，至泰而正月，至乾而四月；夏至起姤，至否而七月，至坤而十月，此方圖之卦氣也。張氏又以一陰一陽至六陰六陽類而並列，六陽處南，六陰處北，陽自下而升，陰自上而降，廣辟卦之法也。邵子又以方圖乾、兑、離、震各重之爲六十四卦，共二百五十六卦，以之算大運，亦以算小運。二十四氣每氣六十四爻，積一千五百六十二爻，合乾、兑、離、震掛一之數，謂之掛一圖。所謂皇極之學也。諸家之不同如此，蓋初無一定之理，各以意之所見爲之。是故六日七分之外，有一卦直一日者，兩卦直一日者，有一爻直一日者，四爻三分强直一日者。總卦與日之大數，而後分配其小數，或多或少，不顧其果否如是也。其卦之排比，惟序卦可據。序卦之義，於時日不可强通。故漢儒別求其義於卦名，而有中孚之起。然揚雄氏所傳之卦義，未免穿鑿附會，未嘗爲易之篤論也。宋儒始一變其説，以奇偶之升降消長爲言，而於經文可據之方位，一切反之。然則宋儒之畫，漢儒之義，猶二五之爲十也，孰分其優劣哉！」

按，説卦傳有經卦之方位，而無別卦之方位，蓋文王所演六十四卦，其八卦之貞錯綜而敘，不以其卦爲類，故無方位之可言。京房六日七分法，卦氣起於中孚，亦不過取卦名之義，以爲當直冬至，非謂中孚方位在子之半也。自魏伯陽以乾、坤、坎、離牝牡震、艮、巽、兑，先天八卦之方位端倪始見。而邵子演之曰：「乾坤定上下之位，離坎列左右之門，天地之所闔闢，日月之所出入。」於是有乾南坤北，離東坎西之圖。又推之於六十四卦爲大横圖，以定其次序；又規夫横圖而圓之，以爲六十四卦之方位，更有方圖居其中。於是經卦既非乾坤三索之序，別卦又失文王所演之舊。雖用京、焦分卦直日之遺法，而次序方位參錯不齊，其卦氣所自起，不得不黜中孚而用復姤，坎離震兑四正卦之主二十四氣者，亦改爲乾坤坎離，固其所矣。然京房分卦直日以候災異，實有其用，而邵子大圓圖，則但如參同契以六十卦象一月升降往來之氣，非真有分卦直日之事也。故辟卦相去之疎密前後不同，而二分卯酉之中，乃繫之臨遯。蓋此圖惟明丹道，不主占候，固不必一一求合於卦氣也。其極數知來之學，全在加一倍法，與此圖無涉。至於方圖，則内外疊作四層，意在明十六卦兩隅尖射之巧妙，難用分卦直日法。而張仲純亦倣圓圖之例，起復姤終乾坤，以定十二辟之卦氣，其舛謬不更甚乎？

「冬至子之半，天心無改移。一陽初動處，萬物未生時。玄酒味方淡，太音聲正希。此言如不信，更請問庖犧。」又曰：「何者謂之機，天根理極微。今年初盡處，明日起頭時。此際易得意，其間難下辭。人能知此義，何事不能知。」

石澗俞氏曰：「朱紫陽云：『子之半是未成子，方離於亥之時。』又云：『一陽初動處在貞元之間。』愚謂此處正是造化之真機。程伊川云：『若非竊造化之機，安能長生？』至哉，言乎！」

大易吟曰：「天地定位，否泰反類。山澤通氣，損咸見義。風雷相薄，恒益起意。水火相射，既濟未濟。四象相交，成十六事。八卦相盪，爲六十四。」

朱子語類曰：「此是説方圖中兩交股底。且如西北角乾，東南角坤，是『天地定位』，便對東北角泰，西南角否。次乾是兑，次坤是艮，便對次否之咸，次泰之損。後四卦亦如是。共十六卦。」又曰：「方圖自西北之東南，便是自乾以之坤；自東北之西南，便是由泰以之否。其間有咸、恒、損、益、既濟、未濟，所以又於此八卦見義。蓋爲是自兩角尖射上與乾坤相對，不知怎生恁地巧。」

天台董氏楷曰：「愚因邵子大易吟欲以方圖分作四層看，其第一層四隅乾、坤、否、泰四卦，所謂『天地定位，否泰反類』也。然以周圍二十八卦横直觀之，皆乾一坤八之卦，此見『天地定位』之不可易也。其第二層四隅兑、艮、咸、損四卦，所謂『山澤通氣，損咸見義』也。然以周圍二十卦横直觀之，亦皆兑二艮七之卦，此見『山澤通氣』之象也。其第三層四隅爲坎、離、既濟、未濟四卦，所謂『水火相射，既濟未濟』是也。然以周圍十二卦横直觀之，亦皆離三坎六之卦，此足以見『水火不相射』之象也。其最裏一層爲震、巽、恒、益四卦，所謂『雷風相薄，恒益起意』，其象亦可見矣。以此言之，邵子之詩曉然，足以見先天法象自然之妙。」

按，方圖自西北至東南，兩隅尖射爲八純；自西南至東北，兩隅尖射爲否泰等卦，是爲「十六事」。然後於四正各布十二卦，共四十八，合前十六爲六十四，而「八卦相錯」偏焉。此亦邵子之巧推排，易無此卦位也。

觀物外篇曰：「先天學，心法也。故圖皆從中起，萬化萬事生於心也。」胡玉齋云：「此明圖之所謂太極。」又曰：「圖雖無文，吾終日言而未嘗離乎是，蓋天地萬物之理，盡在其中矣。」

前村程氏直方曰：「邵子云：『先天圖，心法也。圖皆從中起。』曰皆者，其故何也？兼方圓圖而言也。『天地定位』，圓圖之從中起也；『雷以動之，風以散之』，方圖之從中起也；皆五與十所寄之位也。故圓圖左旋，起於六十四之坤，右轉，起於一之乾，是中起於天地之定位也。方圖西北與東南之交也起於震巽，東北與西南之交也起於恒益，南北相直也則起於恒震巽益，東西相直也則起於震益恒巽，是中起於雷風之動散也。由此而論，圓者動，以定位爲本；方者靜，以動散爲用。故動而無動，靜而無靜，固先天之心法歟。是不可不皆求之圖也。」

雙湖胡氏一桂曰：「案，程氏此論甚的，愚因推之。『天地定位』，起南北子午之中；『山澤通氣』，次西北東南之卦；『雷風相薄』，次東北西南之卦；『水火不相射』，又次東西之卦；圓圖自南北之中起也。『雷以動之，風以散之』，正居方圖中心；『雨以潤之，日以晅之』，則坎次巽，離次震；『艮以止之，兑以説之』，則艮次坎，兑次離；『乾以君之，坤以藏之』，則乾次兑，坤次艮；實由中而達乎西北東南，方圖亦自中起也。」

鄱陽董氏真卿曰：「愚按，畫卦之始，不過太極生兩儀，每一生二，以至於六十四卦，此説固不待贅矣。若夫邵子方圓圖，則又不過以六畫大横圖中分，移右邊陽儀上生三十二卦，自上而下居左；左邊陰儀上生三十二卦，自上而下居右；規而圓之以象天，而周其外，則自然有節氣之流行。而乾坤陰陽之極，與復姤陰陽之始，適居上下之中，而有以合乎『天地定位』之章。又以六畫大横圖從三畫乾至坤，各上生八卦者，自右而左分割作八段，自下重起，矩而方之以象地，而居圓圖之内，以取地囿天中之象。而由中及外，自然有雷風、雨日、山澤、天地對待之象。且縱横斜正以三畫六畫卦數之，莫不有以合乎『雷動、風散』之章。而十二辟卦皆左旋於圓圖之間，右轉於方圖之外，雖疎密之不均，莫不有自然之妙焉。以此觀之，邵子『皆從中起』之説，蓋指圓圖方圖而言，新安程氏最爲得之。邵子只據已成之横圖，或規而圓，或矩而方，以見卦畫之用耳，又何論乎卦畫之所由生哉？固不以横圖畫卦之始例論也。」

觀物外篇曰：「圓數有一，一爲心。方數有二，或以一爲心，或以四爲心。奇耦之義也。六即一也，十二即二也。兩其六爲十二，以六視十二，猶之乎一與二也。天圓而地方，圓之數起一而積六，衆圓簇聚一外，得六。方之數起一而積八，衆方簇聚一外，得八。變之則起四而積十二也。以四爲心，四外得十二。六者常以六變，八者常以八變，十二者亦以八變，自然之道也。八者，天地之體也；六者，天之用；十二者，地之用也。天變方爲圓而常存其一，地分一爲四而常執其方。

天變其體而不變其用也，地變其用而不變其體也。六者并其一而爲七，十二者并其四而爲十六也。」又曰：「五十者，蓍之數也；六十者，卦數也。五者，蓍之小衍也，故五十爲大衍也。八者，卦之小成，則六十四爲大成也。蓍德圓以況天之數，故七七四十九也。五十者，存一而言之也。卦德方以況地之數，故八八六十四也。六十者，去四而言之也。蓍者，用數也；卦者，體數也。用以體爲基，故存一也；體以用爲本，故去四也。圓者本一，方者本四，故蓍存一而卦去四也。」

按，書洪範：「五皇極。」傳云：「極，中也。」漢律曆志：「太極元氣，函三爲一。極，中也。」極皆訓中。不從此訓，自朱子始。邵子曰：「先天學，心法也。故圖皆從中起。」又曰：「心爲太極。」可見極即中，中即心，從中起謂從太極起也。觀物詩云：「天向一中分造化，人於心上起經綸。」亦即此意。天地萬物之理，有一不本於太極者乎？有一不具於人心者乎？故曰：「吾終日言而未嘗離乎是。」先儒以「圖皆從中起」兼方圓圖言之，當矣，然其義猶有所未盡也。蓋先天方圓之圖，皆由一四之積數來也。天圓而地方，其在易則圓主蓍，方主卦。圓之數起一而積六，一在中，六在外也，蓍德圓象之。六并一爲七，六者常以六變，六七四十二，并初七爲四十九，大衍之數五十而其一爲太極不用，故曰：「五十者，存一而言之。」此蓍策也，與卦圖無涉。方之數起一而積八，一在中，八在外也，卦德方象之，小圓圖是也。八并一爲九，中爲太極，故一不用也。八者常以八變，積爲八八六十四，大〔二〕圓圖是也。乾、坤、坎、離四正卦不用，故曰：「六十者，去四而言之也。」乾坤當南北之中，坎離當東西之中。圖從中起，中爲太極，故不用而止於六十，猶小圓圖之虚其一也。方之數變之，則起四而積十二，四在中，十二在外也。十二者亦以八變，故四之外累加之，第一圍必十二，第二圍必二十，第三圍必二十八，并爲六十四，方圖是也。圖從中起，中爲太極，故震、巽、恒、益四卦亦不用而止於六十，猶大圓圖之去其四也。卦德本方，象地之體，而其中又有方圓之别。天變方爲圓而常存其一者，謂大、小圓圖也；地中之天，方中之圓也。地分一爲四而常執其方者，謂方圖也；地中之地，方中之方也。邵子取渾天之象，天周地外，地在天中，故作方圓合一之圖。朱子謂：「圓圖中間虚者，便是太極。不合方圖在中間塞，却待挑出放外。」如此恐失作者之意。推之於大小横圖，兩儀、四象、八卦皆由太極而生，亦所謂「從中起」也。此邵子之數學，即邵子之「心法」，「終日言而不離乎是」。故托易以著爲圖，不必與聖人之易盡同也。揚子太玄，其圖亦由中而起。中爲一元，自一元衍而爲三方，自三方衍而爲九州，自九州衍而爲二十七部，自二十七部衍而爲八十一

〔二〕「大」，原作「太」，據經解本改。

家。故知先天與太玄均爲老氏之學也。邵子之心與太極爲體，嘗作無名公傳以自寓，無名者，太極之謂也。贊曰：「借爾面貌，假爾形骸，弄丸餘暇，丸謂太極。閒往閒來。」則其所謂「心法」者可知矣。彼以圓圖爲合乎「天地定位」之象，方圖爲合乎「雷動風散」之次者，皆知其一而不知其他，得其皮毛而不得其骨髓者也。

俞氏易外别傳序曰：「易外别傳者，先天圖環中之祕，漢儒魏伯陽參同契之學也。人生天地間，首乾腹坤，呼日吸月，與天地同一陰陽。易以道陰陽，故伯陽借易以明其説，大要不出先天一圖。是雖易道之緒餘，然亦君子養生之切務，蓋不可不知也。圖之妙在乎終坤始復，循環無窮，其至妙則又在乎坤復之交，一動一静之間。愚嘗學此矣，徧閲雲笈，略曉其一二，忽遇隱者授以讀易之法，乃盡得環中之祕。反而求之吾身，則康節邵子所謂『太極』，所謂『天根月窟』，所謂『三十六宫』，靡不備焉。是謂身中之易。」又書其後曰：「先天圖，環中之極玄。愚雖弗暇專志從事於斯，而丹之妙用，非苟知之，蓋嘗試之者也。故敢直指方士之所靳，以破學者之惑。嘗慨夫世所傳丹家之書，庾辭隱語，使覽者無罅縫可入，往往目眩心碎，而掩卷長歎。如蔡季通、袁機仲嘗與朱子共訂正參同契矣，雖能考其字義，然不得其的傳，未免臆度而已。愚今既得所傳，又何忍緘默以自私，乃述是書，附於周易集説之後，而名之曰易外别傳。蓋謂丹家之説雖出於易，不過依倣而託之者，初非易之本義也。」

易外別傳曰：「參同契云：『終坤始復，如循連環。』皇極經世書云：『先天圖者，環中也。』愚謂人之一身即先天圖，心居人身之中，猶太極在先天圖之中，朱紫陽謂『中間空處』是也。圖自復而始，至坤而終，終始相連如環，故謂之環；環中者，六十四卦環於其外，即太極居其中也。在易爲太極，在人爲心。人知心爲太極，則可以語道矣。」

「又云：『冬至之後爲呼，夏至之後爲吸，此天地一歲之呼吸也。』愚謂冬至後自復而乾屬陽，故以爲呼；夏至後自姤而坤屬陰，故以爲吸。呼乃氣之出，故屬冬至之後；吸乃氣之入，故屬夏至之後。大則爲天地一歲之呼吸，小則爲人身一息之呼吸。參同契曰：『龍呼於虎，虎吸龍精。』又曰：『呼吸相含育，佇息爲夫婦。』蓋以呼吸爲龍虎、爲夫婦。千經萬論，譬諭紛紛，不過呼吸兩字而已矣。」

「又曰：『一動一靜，天地之至妙者與！一動一靜之間，天地人之至妙至妙者與！』愚謂圖左自復至乾，陽之動也；圖右自姤至坤，陰之靜也。一動一靜之間，乃坤末復初，陰陽之交，在一歲爲冬至，在一月爲晦朔之間，在一日則亥末子初是也。吾身之乾坤內交，靜極機發而與天地之機相應，是誠天地人之至妙至妙者也。」

「又云：『無極之前，陰含陽也；有象之後，陽分陰也。』朱紫陽曰：『邵子就圖上說循環之意，自姤至坤是陰含陽，自復至乾是陽分陰，坤復之間是無極。』袁機仲曰：『朱子謂坤復之間乃無極，其論察矣。』又詩云：『忽然夜半一聲雷，萬户千門次第開。若識無中含有象，許君親見伏羲來。』『無中含有象』，即是坤復之間，無極而太極也。邵子之學，非朱子孰能明之？」

「内煉之道至簡至易，唯欲降心火入於丹田耳。丹田在臍之後、腎之前，正居腹中。丹家諱言心腎，謂心腎非坎離，蓋指呼吸爲坎離。殊不思呼吸乃坎離之用，心腎乃坎離之體。人之一身，心爲之主，故獨居中；腎爲之基，故獨居下。丹家不言心腎，而言身心，身即腹也，腎在其中矣。豈可捨腎哉？腎屬水，心屬火，火入水中，則水火交媾，如晦朔之間日月之合璧。」

「易曰：『山澤通氣。』又曰：『二氣感應以相與。』愚按，參同契云：『自然之所爲兮，非有邪僞道。』若山澤氣相烝兮，興雲而爲雨。』蓋人身之陰陽，絪緼交結於丹田，則升於泥丸，滃然如雲，化爲甘澤。陳希夷詩云：『倏爾火輪煎地脈，愕然神瀵湧山椒。』與此同旨。『神瀵』出列子，嘗謂山澤之氣相通，由其虚也。唯虚也，故二氣感應以相與，不虚則窒而不通，安能相與？内煉之道貴乎心虚，心虚則神凝，神凝則氣聚，氣聚則興雲爲雨，與山澤相似。離騷遠遊篇云：『道可受兮，而不可傳。其小無内兮，其大無垠。毋滑而魂兮，彼將自然。壹氣孔神兮，於中夜存。虚以待之兮，無爲之先。』朱紫陽注云：『蓋廣成子之告黃帝不過如此，實神仙之要訣也。』」

醫書云：「『人身有任督二脈，任脈者起於中極之下以上毛際，循腹裏上關元，至咽喉，屬陰脈之海；督脈者起於下極之腧，並於脊裏上至風府，入腦上巔，循額至鼻柱，屬陽脈之海。』所以爲任脈者，女子得之以妊養也；謂之督脈者，以其督領經脈之海也。鹿運尾閭，蓋能通其督脈者也。龜納鼻息，蓋能通其任脈者也。人能通此二脈，則百脈皆通。黃庭經云：『皆在心內運天經，晝夜存之自長生。』天經乃吾身之黃道，呼吸往來於此，即任督二脈是也。」

按，石澗，精於參同契者也，不徒心解之，且身試之。故知先天圖爲老氏之易，而非聖人之易。著書以闡其幽，名之曰易外別傳，以爲丹家所依託，非易之本義。自有先天圖以來，知其妙而不使之混於易中者，唯石澗一人。明萬曆中，有莆田林兆恩者，號三教先生，其徒述其說以成書，亦名易外別傳，而其指大異。石澗却道家於易外，三教混釋老於易中，邪正相去懸絕。

魏伯陽〔一〕，丹經王也。希夷、康節乃其嫡派正傳，所言皆老氏之易也。康節橫圖

〔一〕自「魏伯陽」以下，至本章末「不言之教乎」，經解本、粵雅堂本無。有「邵子大小橫圖皆數學也，知來之神寓焉。大小圓圖皆丹道也，養生之法備焉。其說自成一家言，於聖人之易無涉也。」一段話。

以白代⚊，以黑代⚋，實本希夷。然天地自然之圖本謂龍馬授伏羲者，如是而伏羲則之以畫卦，變白黑爲⚊⚋耳。康節乃謂伏羲所作亦如是，然則伏羲之後更有何人變白黑爲⚊⚋，如今卦首所列之六畫乎？又兩儀、四象、八卦，希夷皆子在母中，康節却子在母外，雖取法希夷，而實失先天之本意矣。希夷之圖止有八卦方位，而無其次序。康節既獨出臆見，於一奇一偶之上各加一奇一偶之三畫，而爲乾一、兑二、離三、震四、巽五、坎六、艮七、坤八矣；又欲附會於希夷，乃以「天地定位」一章當希夷八卦方位，就中推出次序。其左半乾、兑、離、震，適符横圖之一二三四，遂以爲「數往者順」；至右半坤、艮、坎、巽，則與横圖正相反，乃從中拗轉爲巽五、坎六、艮七、坤八，以爲「知來者逆」。斯不亦矯揉造作，失天地自然之妙乎？且次序與方位元不相謀，未聞乾坤三索之序，由出震齊巽之位而定也，何獨於先天合之？故圓圖抽坎填離，猶是丹家之遺製，而横圖則無謂甚矣。乃復引而伸之爲六十四卦次序，遂至有四畫、五畫之卦。夫此四畫、五畫者，將名曰某卦乎？抑仍謂之兩儀、四象乎？如以爲兩儀、四象，則八卦之後不應復有兩儀、四象也。或曰：此康節之數學，知來之道寓焉。然吾觀皇極經世之書，其所推元會運世之數，及天地萬物之變，恐别有方術，未必用加一倍法也。奇偶之上各加奇偶，只因錯解「易有太極」一節，遂以揲蓍生爻之次序，爲始作八卦之次序耳。

然則大、小横圖既戾於聖人之經，又絶非希夷之指，先天之贅肬也，安得冠諸經首，以爲伏羲不言之教乎？

右論邵子伏羲六十四卦方位。

易圖明辨卷八

後天之學

繫辭傳曰："乾坤，其易之緼邪。乾坤成列，而易立乎其中矣。乾坤毁，則无以見易。易不可見，則乾坤或幾乎息矣。"

南軒張氏曰："『乾坤，其易之門』，言易出入於乾坤也。『乾坤，其易之緼』，言易含蓄於乾坤也。"

本義曰："緼，所包蓄者，猶衣之著音灼。也。易之所有，陰陽而已，凡陽皆乾，凡陰皆坤。畫卦定位，則二者成列，而易之體立矣。乾坤毁，謂卦畫不立。乾坤息，謂變化不行。"

語類曰："『乾坤只是説二卦。此易只是説易之書，與『天地定位，易行乎其中』之易不同。『行乎其中』者，却是説易之道理。"又曰："大抵易之言乾坤者，多以卦言。『易立乎其中』，只是乾坤之卦既成，而易立矣。」又曰：「乾坤只言卦，易只是陰陽卦畫。」

按，陰陽一畫但可謂之剛柔，不可謂之乾坤。凡言乾坤者，皆純陽純陰之卦，非三畫則六畫，此經主三畫而言。雜卦乾剛坤柔主六畫。本義云：「凡陽皆乾，凡陰皆坤。」則似一畫亦可謂之乾坤，非經意也。「易」謂卦畫之交易而成變化者，乾坤成列則六子及重卦皆在其中，故曰「易之緼」。「乾坤毁，無以見易」，謂無乾坤二卦，則六十四卦無由而出。「易不可見，乾坤或幾乎息」，謂無易書則天地變化之道不著，殆與滅息相似。此「乾坤」字義與上不同。

「乾坤，其易之門邪。乾，陽物也；坤，陰物也。陰陽合德，而剛柔有體。以體天地之撰，以通神明之德。」

南軒張氏曰：「以卦言之，乾之三奇，乃陽物也；坤之三耦，乃陰物也。三奇三耦索而爲六子，互體卦變積而爲六十四，此『陰陽合德，而剛柔有體』也。」

本義曰：「諸卦剛柔之體，皆以乾坤合德而成，故曰『乾坤，易之門。』撰，猶事也。」

按，「陰陽合德」，謂一再三索。「剛柔有體」，謂六子成列也。因而重之爲六十四，變化無窮，皆出於乾坤二卦，故曰「易之門」。自康節有伏羲先畫一奇一耦之説，世皆指乾坤爲一畫，經旨鬱而不宣，玆特爲正之。

說卦傳曰：「乾，天也，故稱乎父。坤，地也，故稱乎母。震一索而得男，故謂之長男。巽一索而得女，故謂之長女。坎再索而得男，故謂之中男。離再索而得女，故謂之中女。艮三索而得男，故謂之少男。兑三索而得女，故謂之少女。」

南軒張氏栻曰：「老陽爲父，老陰爲母。老陽能變，故自下而索，震爲長男；自中而索，坎爲中男；自上而索，艮爲少男。老陰能變，故自下而索，巽爲長女；自中而索，離爲中女；自上而索，兑爲少女。」

本義曰：「索，求也，謂揲蓍以求爻也。男女指卦中一陰一陽之爻而言。」

語類曰：「『震一索而得男』一段，看來不當專作揲蓍看。揲蓍有不依這序時，便説不通。大概只是乾求於坤，而得震、坎、艮；坤求於乾，而得巽、離、兑。一二三者，以其畫之次序言也。」

按，揲蓍之説本諸漢上，甚無理，故語録不從，而本義乃未及改正。李秀巖謂「本義在前，語録在後」，其間有十數條意義尤密者，此蓋其一也。

文王八卦次序

朱子答袁機仲書曰：「自初未有畫時説到六畫滿處者，邵子所謂『先天之學』也。卦成之後各因一義推説，邵子所謂『後天之學』也。今來喻所引繫辭、説卦三才六位之説，即所謂後天者也。先天後天既各自爲一義，而後天説中取義又多不同，彼此自不相妨，不可執一而廢百也。若執此説，必謂聖人初畫卦時，只見一箇三才，便更不問事由，一連便埽出三畫以擬其象，畫成之後子細看來，見使不得，又旋劃壁，添出後一半截。此則全是私意杜撰補接，豈復更有易邪？」又曰：「據邵氏說，先天者，伏羲所畫之易也；後天者，文王所演之易也。伏羲之易初无文字，只有一圖以寓其象數，而天地萬物之理，陰陽始終之變具焉。文王之易即今之周易，而孔子所爲作傳者是也。孔子既因文王之易以作傳，則其所論固當專以文王之易爲主，然不推本伏羲作易畫卦之所由，則學者必將誤認文王所演之易便爲伏羲始畫之易，只從中半說起，不識向上根原矣。故十翼之中，如八卦成列，因而重之，太極、兩儀、四象、八卦與天地、山澤、雷風、水火之類，皆本伏羲畫卦之意，而今新書原卦畫一篇，亦分兩儀，伏羲在前，文王在後。必欲知聖人作易之本，則當考伏羲之畫；若只欲知今易書文義，則但求之文王之經、孔子之傳足矣。兩者初不相妨，而亦不可以相雜。來教乃謂專爲邵氏解釋，而於易經无所折衷，則恐考之有未詳也。」

按，伏羲胸羅造化，全體太極，仰觀俯察，近取遠取，三才之道，了了於心目之間，便一連埽出三畫，有何不可，而必一生二，二生四，四生八，作巧推排計邪？一連埽出者爲私意杜撰補接，然則逐爻生出者，豈反非杜撰補接邪？孔子之傳無一語推本伏羲者則已，既有推本伏羲者，則何以知兩儀、四象爲伏羲之所畫，而乾坤三索爲文王之所演邪？先天後天强生分别，前第六卷中辨之已詳。知彼逐爻生出之爲謬，則知一連埽出三畫，而交易以成六子者，真伏羲之易，而非文王之易矣。曉人自解，無庸辭費也。

右論邵子文王八卦次序。

說卦傳曰：「帝出乎震，齊乎巽，相見乎離，致役乎坤，說言乎兑，戰乎乾，勞乎坎，成言乎艮。萬物出乎震，震東方也。齊乎巽，巽東南也。齊也者，言萬物之潔齊也。離也者，明也，萬物皆相見，南方之卦也。聖人南面而聽天下，蓋取諸此也〔一〕。坤也者，地也，萬物皆致養焉，故曰『致役乎坤』。兑，正秋也，萬物之所說也，故曰『說言乎兑』。戰乎乾，乾西北之卦也，言陰陽相薄也。坎者，水也，正北方之卦也，勞卦也，萬物之所歸也，故曰『勞乎坎』。艮，東北之卦也，萬物之所以成終，而所成始也，故曰『成言乎艮』。」

白雲郭氏曰：「自『天地定位』之後，皆論八卦，此章獨異，復有重釋之辭。蓋上論八卦之位，未明言其所故，下復明言之，曰：『震東方也』，『巽東南也』。如是則无嫌於重釋之也。」

石門梁氏曰：「自東南至西，皆母與三女之位，自西北至東，皆父與三男之位。」

〔一〕「蓋」字上，說卦傳原文有「向明而治」句。

文王八卦方位

本義圖說：「右見說卦。邵子曰：『此文王八卦，乃入用之位，後天之學也。』」

按，以上二圖非古所傳，亦邵子作也。乾坤三索之次序，出震齊巽之方位，伏羲之易本是如此。而邵子獨以爲文王之易，名之曰後天，以尊先天之學。序位皆是，而其名則非。九圖之中，無一可存者也。

觀物外篇曰：「至哉！文王之作易也，其得天地之用乎？故乾坤交而爲泰，坎離交而爲既濟也。乾生於子，坤生於午，坎終於寅，離終於申，以應天之時也。置乾於西北，退坤於西南，長子用事而長女代母，坎離得位，兑震爲偶，應地之方。王者之法，其盡於是矣。」

朱子答王伯豐書曰：「説卦『天地定位』至『坤以藏之』以前，伏羲所畫八卦之位也。『帝出乎震』以下，文王即伏羲已成之卦，而推其義類之辭也。如卦變圖剛來柔進之類，亦是就卦已成後用意推説，以此爲自彼卦而來耳，非真先有彼卦而後方有此卦也。」

林氏易裨傳法象篇曰：「以造化之序論之，先天所以立體也，後天所以致用也。先天乾坤定上下之位，而天尊地卑之體立矣；坎離居左右之門，而日生乎東，月生乎西之象著矣；震巽對峙，而雷始於東北，風起於西南矣；兑艮角立，西北多山，東南多水之所鍾矣。後天震居東方，萬物出生之地；巽居東南，萬物潔齊之地；坤西南，萬物致養之地；兑正西，物之所説；乾西北，陰陽之相薄；坎正北，物之所歸；艮東北，所以成終成始者也。以陰陽之體論之，巽、離、兑本陽體也，而陰來交之；震、坎、艮本陰體也，而陽來交之。伏羲之卦，得陽多者屬乎陽，得陰多者屬乎陰。後天之卦，得一陰者爲三女，得一陽者爲三男。先天之位，三女附乎乾，三男附乎坤，陰附陽，陽附陰也。後天之位，三男附乎乾，三女附乎坤者，陰附陰，陽附陽也。」

黄氏象數論曰：「離南坎北之位見於經文，而卦爻所指之方亦與之相合，是亦可以無疑矣。蓋畫卦之時，即有此方位。易不始於文王，則方位亦不始於文王，故不當云『文王八卦方位』也。乃康節必欲言文王因先天乾南坤北之位，改而爲此。朱子則主張康節之説過當，反致疑於經文。曰易言『齊乎巽』，不可曉。曰坤在西南，不成東北〔一〕方無地。曰乾西北，亦不可曉，如何陰陽來此相薄？曰西方肅殺之氣〔二〕，如何言萬物之所説？凡此數説有何不可曉？巽當春夏之交，萬物畢出，故謂之齊。觀北地少雨，得風則生氣郁然，可驗也。夏秋之交，土之所位，故坤位之，非言地也。若如此致難，則先天方位，巽在西南，何不疑東北無風邪？其餘七卦莫不皆然。乾主立冬以後冬至以前，故陰陽相薄。觀説卦乾之爲寒、爲冰，非西北何以置之！萬物告成於秋，如何不説。朱子注『元亨利貞』之『利』曰：『利者，生物之遂，物各得宜，不相妨害。於時爲秋，於人爲義，而得其分之和，非説乎？』顧未嘗以肅殺爲嫌也。』然則朱子所以致疑者，由先天之説先入於中，故曰『主張太過』也。康節曰：『乾坤交而爲泰，言文王改先天圖之意。先天乾南坤北，交而爲泰，故乾北坤南。坎離交而爲既濟。先天離東坎西，交而爲既濟，故離南坎北。乾生於子，先天乾居午，而其生在子，故下而至北。坤生於午，坤居子，而其生在午，故上而至南。坎終於寅，坎當申，交於離，終於寅。

〔一〕「東北」，朱子語類卷七十七作「西北」。
〔二〕「氣」，朱子語類卷七十七作「地」。

離終於申。』離當寅，交於坎，終於申。所謂交者，不取對待言之也。即以對待而論，則乾南坤北者，亦必乾北坤南，而後泰之形可成也。今坤在西南，乾在西北。離東坎西者，亦必離西坎東，而後既濟之形可成也。今離在上坎在下，於義何居？藉曰再變而後爲今位，是乾南坤北之後，離南坎北之前，中間又有一方位矣。乾位戌，坤位未，坎位子，離位午，於子、午、寅、申皆無當也。康節又曰：『震兌，始交者也，陽本在上，陰本在下，陽下而交於陰，陰上而交於陽。震一陽在下，兌一陰在上，故爲始交。故當朝夕之位。坎離，交之極者也，坎陽在中，離陰在中，故爲交之極。故當子午之位。四正皆爲用位。巽艮不交，而陰陽猶雜也，巽一陰在下，艮一陽在上，適得上下本然，故爲不交。故當用中之偏。乾坤純陽純陰，故當不用之位。』東方陽主用，西方陰爲不用。夫氣化流行不息，無時不用。若以時過爲不用，則春秋不用者子午，冬夏不用者卯酉，安在四正之皆爲用位也？必以西南西北爲不用之位，則夏秋之交，秋冬之交，氣化豈其或息乎？康節又曰：『乾坤縱而六子橫，易之本也。先天之位。震兌橫而六卦縱，易之用也。』由前之說，則後自坎離以外皆橫也；由後之說，則前自坎離以外皆縱也。圖同而說異，不自知其遷就與！是故離南坎北之位，本無可疑，自康節以爲『從先天改出，牽前曳後』，始不勝其支離。朱子求其所以改之之故而不可得，遂至不信經文。吁！可怪也。」

魏志管輅傳注引輅別傳，謂劉邠曰：「輅不解古之聖人何以處乾位於西北，坤位於西南。夫乾坤者，天地之象，然天地至大，爲神明君父，覆載萬物，生長撫育，何以安處二位，與六卦同列？」今按，說卦之方位，秦漢諸儒未有疑之者，疑之自管輅始。蓋其時魏伯陽之學已行，乾南坤北之位略有端倪，輅心善之，因發難以導邠，而邠不能問，故未竟其說也。朱子酷愛參同契，八卦之方位斷從先天，遂覺出震齊巽等無一不可疑，入者主之，出者奴之，勢所必至也。至謂此章與卦變俱是「成卦後用意推說」，則又儗非其倫矣。林德久深斥劉牧之鉤隱，可謂卓識，而獨於先天方位，則附會其意而爲之辭，亦以康節非牧流輩耳。然二人品格雖相去懸絕，而圖學之無當於經，則一也。德久豈未之思乎？

右論邵子文王八卦方位。

易圖明辨卷九

卦變

繫辭傳曰：「易之爲書也不可遠，爲道也屢遷，變動不居，周流六虛，上下無常，剛柔相易，不可爲典要，唯變所適。」

白雲郭氏曰：「易之爲道，數遷而變，動未嘗止，周流六爻，或以下而升上，或由上而降下，以剛易柔，以柔易剛，不可以常道拘也，唯變所適而已。此之謂易之道也。」

漢上朱氏曰：「訟彖曰：『剛來而得中。』隨彖曰：『剛來而下柔。』蠱彖曰：『剛上而柔下。』噬嗑彖曰：『剛柔分，動而明。』賁彖曰：『柔來而文剛，分剛上而文柔。』无妄彖曰：『剛自外來，而爲主於内。』大畜彖曰：『剛上而尚賢。』咸彖曰：『柔上而剛下。』損彖曰：『損上益下。』又曰：『損剛益柔。』益彖曰：『損上益下。』又曰：『自上下下。』渙彖曰：『剛來而不窮，柔得位乎外而上同。』節彖曰：『剛柔分而剛得中。』剛者，陽爻也，柔者，陰爻也。剛柔之爻，或謂之來，或謂之分，或謂之上下，所謂『唯變所適』也。此虞氏、蔡景君、伏曼容、蜀才、李之才所謂『自某卦來』之説也。」

東坡蘇氏曰：「凡易之所謂剛柔者，皆本諸乾坤也。乾施一陽於坤，以化其一陰而生三子，皆一陽而二陰。凡三子之卦，有言剛來者，明此本坤也，而乾來化之。坤施一陰於乾，以化其一陽而生三女，皆一陰而二陽。凡三女之卦，有言柔來者，明此本乾也，而坤來化之。」

東谷鄭氏汝諧曰：「易始於畫，畫始於乾坤。自乾坤而爲八卦，乾坤之變極矣。自八卦而爲六十四，八卦之變極矣。八卦皆乾坤所生，六十四卦皆八卦所生，此作易之本旨也。傳易者懼其説之簡易，百無以自託於艱深之地，於是有互體、卦變之説。」又云：「乾坤大父母也，復姤小父母也。夫父母一也，安得大小之别？」

按，參同契云：「乾坤者，易之門户，衆卦之父母。」是衆卦皆生於乾坤也。李、邵爲先天之學，而其卦圖乃以復、姤、臨、遯、泰、否、壯、觀皆爲生卦之母，則是顯背伯陽矣。希夷之傳，豈若是乎？既失參同之旨，又非彖傳之意，東谷譏之，有以也。

彖傳曰：「『泰，小往大來，吉，亨。』則是天地交而萬物通也，上下交而其志同也，内陽而外陰，内健而外順，内君子而外小人，君子道長，小人道消也。『否之匪人，不利君子貞，大往小來。』則是天地不交而萬物不通也，上下不交而天下无邦也，内陰而外陽，内柔而外剛，内小人而外君子，小人道長，君子道消也。」

黄氏象數論曰：「卦變之説由泰否二卦『小往大來』、『大往小來』而見之，而夫子彖傳所以發明卦義者，於是爲多，固易中一大節目也。上經三十卦，反對之爲十二卦；下經三十四卦，反對之爲十六卦。乾、坤、頤、大過、坎、離、中孚、小過不可反對，則反其奇偶以相配，卦之體兩相反，爻亦隨卦而變。顧有於此則吉，於彼則凶；於此則當位，於彼則不當位。從反對中明此往來倚伏之理，所謂兩端之執也。行有无妄之守，反有天衢之用，時有豐亨之遇，反有羇旅之悲〔一〕。非以此卦生彼卦也，又非以此爻换彼爻也。」

按，「易有聖人之道四」，變居一焉。「易，窮則變，變則通，通則久。」變者，易中之大義也。觀孔子之言，曰：「上下无常，剛柔相易」，「内陽而外陰」，「内柔而外剛」，則凡彖傳之剛柔往來，上下内外，皆主卦變而言，可知矣。然諸儒概以一爻言之，故唯三陰三陽之卦可通，而二陰二陽之卦則不可通。无妄「剛自外來」，升「柔以時升」之類是也。唯以反對言之，則無不可通。蓋卦可以該爻，而爻不可以該卦，卦變則爻隨而動

〔一〕此下易學象數論尚有「是之謂卦變」句。

矣。坤索乾得震、坎、艮，以一剛爲主；乾索坤得巽、離、兑，以一柔爲主。彖傳所稱剛柔，或指卦，或指爻，隨文立義可也。大抵三陰三陽，泰否以卦言，餘皆以爻言；二陰二陽則必以卦言。然其所主者，陽卦之一剛，陰卦之一柔耳。

右論古卦變。

虞仲翔卦變圖

一陰一陽之卦各六，皆自復姤而變。

䷗復	䷫姤
䷆師初之二	䷌同人初之二
䷎謙初之三	䷉履初之三
䷏豫初之四	䷈小畜初之四
䷇比初之五	䷍大有初之五
䷖剥初之上	䷪夬初之上

二陰二陽之卦各九，皆自臨遯而變。

䷒臨	䷠遯

䷭升初之三
䷧解初之四
䷜坎初之五
䷃蒙初之上
䷣明夷二之三
䷲震二之四
䷂屯二之五
䷚頤二之上

三陰三陽之卦各十，皆自泰否而變。

䷊泰
䷟恒初之四
䷯井初之五
䷑蠱初之上
䷶豐二之四
䷾既濟二之五

䷘无妄初之三
䷤家人初之四
䷝離初之五
䷰革初之上
䷅訟二之三
䷸巽二之四
䷱鼎二之五
䷛大過二之上

䷋否
䷩益初之四
䷔噬嗑初之五
䷐隨初之上
䷺渙二之四
䷿未濟二之五

䷕賁二之上
䷵歸妹三之四
䷻節三之五
䷨損三之上

䷮困二之上
䷴漸三之四
䷷旅三之五
䷞咸三之上

四陰四陽之卦各九，皆自大壯觀而變。

䷡大壯
䷛重大過初之五
䷱重鼎初之上
䷰重革二之五
䷝重離初之上
䷹兑三之五
䷥睽三之上
䷄需四之五
䷙大畜四之上

䷓觀
䷚重頤初之五
䷂重屯初之上
䷃重蒙二之五
䷜重坎二之上
䷳艮三之五
䷦蹇三之上
䷢晉四之五
䷬萃四之上

變例之卦二。

䷼中孚

䷽小過

䷀乾

䷁坤

凡變卦皆從乾坤來。

黄氏象數論曰：「古之言卦變者，莫備於虞仲翔。」「其法以兩爻相易，主變動者止一爻。四陰四陽，即二陰二陽之卦也。其變不收於臨、遯之下者，以用臨、遯生卦，則主變須二爻皆動，而後餘卦可盡，不得不别起觀、壯有四陰四陽；而不用五陰五陽之夬、剥者，以五陰五陽之卦已盡於姤、復，無所俟乎此也。中孚、小過爲變例之卦，何也？中孚從二陰之卦，則遯之二陰皆易位；從四陽〔一〕之卦，則大壯三四一時俱上。小過從二陽之卦，則臨之二陽皆易位；從四陰之卦，則觀三四一時俱上。所謂主變之卦以一爻升降者，至此而窮，故變例也。猶反對之卦至乾、坤、坎、離、頤、大過、中孚、小過而亦窮也。虞氏之卦變脈絡分明如此。當時所著周易注、周易集林，今既不傳，其見於李鼎祚易解

〔一〕「陽」，原作「陰」，據易學象數論原文改。

中者，語焉不詳。朱漢上據之以定虞氏卦變，遂有此然彼否之異。無怪趙汝楳謂其『錯雜無統』也。某追尋其緒，而後知漢上之誤。然四陰四陽與二陰二陽畢竟相錯，不能不有重出之卦。此八卦者，重於大壯者爲大過、鼎、革、離，重於觀者爲頤、屯、蒙、坎。其主變屬之臨、遯乎？屬之大壯、觀乎？抑兼屬之乎？其説有時而窮也。以彖傳證之，如无妄之『剛自外來』遯之初三相易，皆在内卦，非外來。晉之『柔進上行』，觀之四五相易，皆在上卦。睽之『柔進上行』，大壯三上相易，柔爲下行。蹇之『往得中』，觀三上相易，不得爲中。皆不能合。此虞氏之短也。」

「蘇子瞻言『剛柔相易，皆本諸乾、坤。』程子亦專以乾坤言卦變，本之蜀才，曰『此本乾卦』，『此本坤卦』。荀爽曰：『謙是乾來之坤。』非創論也。但三陰三陽之卦，此往彼來，顯然可見。其他則來者不知何來，往者不知何往。如无妄『剛自外來』，外卦之乾未嘗損一剛也，而云『自外來』，不已背乎？故朱子曰：『程子專以乾坤言卦變，然只是上下兩體皆變者可通。若只一體變者，則不通。』蓋已深中其病矣。然較之虞氏而下鑿空爲説者，某以爲獨優也。」

右論虞氏卦變。

李挺之變卦反對圖

乾坤二卦爲易之門、萬物之祖圖第一。舊本曰功成無爲圖。

乾老陽䷀

坤老陰䷁

乾坤相索三變六卦不反對圖第二。

坤體而乾來交　頤䷚　小過䷽　坎䷜

乾體而坤來交　大過䷛　中孚䷼　離䷝

乾卦一陰下生反對變六卦圖第三。

姤䷫　同人䷌　履䷉

夬䷪　大有䷍　小畜䷈

坤卦一陽下生反對變六卦圖第四。

復䷗　師䷆　謙䷎

剝䷖　比䷇　豫䷏

乾卦下生二陰各六變反對變十二卦圖第五。

遯䷠　訟䷅　无妄䷘

大畜　需　大壯
睽　兑　革
家人　離　鼎

坤卦下生二陽各六變反對變十二卦圖第六。

臨　明夷　升
觀　晉　萃
蹇　艮　蒙
解　震　屯

乾卦下生三陰各六變反對變十二卦圖第七。

否　恒　豐
泰　咸　旅
歸妹　節　既濟
漸　渙　未濟

坤卦下生三陽各六變反對變十二卦圖第八。

泰　損　賁

否䷋　益䷩　噬嗑䷔

蠱䷑　井䷯　未濟䷿

隨䷐　困䷮　既濟䷾

林氏易裨傳外篇曰：「李挺之變卦反對圖八篇，六十四卦相生圖一篇。漢上朱氏以爲康節之子伯温傳之於河陽陳四丈，陳傳之於挺之。長楊郭氏序李氏象學先天卦變曰：『陳圖南以授穆伯長，伯長以授李挺之，挺之以授邵堯夫、陳安民，安民以授兼山』。卦變一義，横渠、伊川罕言，而兼山獨得之。康節本爲先天易學，而觀物外篇亦曰：『體者八變，用者六變。是以八卦之象，不易者四，反易者二，以六變而成八也。不易者四，謂乾、坤、坎、離也。變易者二，謂震、艮、巽、兑也。重卦之後〔一〕，不易者八，反覆者二十八。不易者乾、坤、坎、離、頤、小過、中孚、大過，變易者二十八，餘五十六卦也。以三十六變而成六十四也。』又曰：『乾坤之名位不可易也〔二〕，坎離名可易而位不可易也，震巽位可易而名不可易也，兑與艮名位皆可易也。離肖乾，坎肖坤，中孚肖乾，頤肖離，小過肖坤，大過肖坎，是以乾、坤、坎、離、中孚、頤、大小過皆不可

〔一〕「後」，觀物外篇原文作「象」。

〔二〕「名」、「不」二字，據觀物外篇原文補。

易也。』又曰：『卦之反對皆六陽六陰也，在易則六陽六陰者十有二對也。去四正則八陽四陰、八陰四陽者，各六對也；十陽二陰、十陰二陽者，各三對也。此以三陰三陽爲主而變也。六陰六陽十二對者，否變泰、咸恒、豐旅、漸歸妹、渙節、既濟未濟六對。四正初經則乾、坤、坎、離，重卦則頤、中孚、大過、小過。八陽四陰、八陰四陽各六對者，遯變大壯、需訟、无妄大畜、睽家人、兑巽、革鼎六對，臨變觀、明夷晉、升萃、蹇解、艮震、蒙屯六對。十陽二陰、十陰二陽各三對者，姤變夬、同人大有、履小畜三對，復變剥、師比、謙豫三對。凡五十六也。而此有三十對者，否泰司啓閉之節，既濟、未濟當四隅之位，所以重用一卦。乾坤，本也；坎離，用也。乾、坤、坎、離，上篇之用也。咸，兑艮也。恒，震巽也。兑、艮、震、巽，下篇之用也。頤、大過、小過、中孚，二篇之正也。故曰：至哉！文王之作易，其得天地之用乎？』大抵卦變八圖，陽在下者以升爲變，在上者以降爲變，故升降之對，此爲升則彼爲降，此爲降則彼爲升。然康節先天之學不泥書言，而猶有卦變之説，何邪？曰：大易之道本之氣數之自然，觀先天圖則可知出生之統體矣。今六十四卦兩兩相比，若近於反對者，觀序卦之先後，皆有深意，要非三陰三陽反對不反對云者。近世復有上經三十卦、下經三十四卦反對不反對，皆本八卦以求合於十有八變者，其巧愈甚矣。要之，卦變之義，易之一端耳。若以爲易道盡於是，要非康節所以望後世者。姑録之以爲外篇之首。」

顧氏日知録曰：「卦變之説不始於孔子，周公繫損之六三，已言之矣，曰：『三人行則損一人，一人行則得其友。』是六子之變皆出於乾坤，無所謂自復姤、臨遯而來者。當從程傳。」蘇軾、王炎皆同此說。

黄氏象數論曰：「虞仲翔之釋比曰：『師二上之五得位。』蜀才曰：『此本師卦，六五降二，九二升五。』亦已發其端矣，特未以此通之於別卦也。至李挺之所傳變卦反對圖，可謂獨得其真；而又與六十四卦相生圖並出，則擇焉而不精也。其後，來知德頗以此説變，而以反對者爲綜，奇偶相反者爲錯，於頤、過八卦相反之外取反對者，而亦復錯之，不知奇偶相反之中暗寓反對，非別出一義也。若又有相反一義，何以卦爻略不之及乎？爲卦爻之所不及者，可以無待於補矣。」渭按，大傳「參伍以變，錯綜其數」，主蓍策而言。來氏斷章取義爲錯綜圖，殊非經旨。其説以爲一左一右曰錯，一上一下曰綜。錯本圓圖，自乾坤至復姤，凡六十四。綜本序卦，自屯蒙至既濟未濟，凡二十八。此圖於經無所用，故後不復著。

按，六十四卦兩兩相比，無不反對。其陰陽相背者，八卦雖無變體，亦反對也。反對實文王演卦之一義，彖傳本此以釋經，剛柔之往來上下，一覽而得，不可謂孔子之説非文王之説也。李氏反對圖首列乾坤二卦爲易之門，則諸卦宜皆出於乾坤，而乃乾坤下生之卦，一陰生自姤，一陽生自復，二陰生自遯，二陽生自臨，三陰生自否，三陽生自泰，何其紛糾之甚也。康節親受此圖，故有「乾坤大父母，姤復小父母」之説。夫乾坤生六子，是爲八卦，因而重之，遂爲六十四，六十四卦皆乾坤之所生也。姤復、遯臨、否泰同在六十四卦之中，安能生諸卦乎？然姤復以一爻升降，其蹤跡猶可尋求，遯臨、否泰則兩三爻遞爲升降，而否泰、二濟未免重出，益雜亂而無章矣。乾坤雖諸卦所自出，第以彖傳證之，則唯三陰三陽者可通，而二陰二陽者不可通，不如專主反對之爲得也。

康節以文王所演爲後天，則卦變似非先天之學。然其論卦之反對曰：「乾坤，本也；坎離，用也。乾、坤、坎、離，上篇之用也。咸，兑艮也。恒，震巽也。兑、艮、震、巽，下篇之用也。」此即參同契以乾坤坎離牝牡震巽艮兑之意，而「乾坤大父母，姤復小父母」，則又圓圖「陽生子中，陰生午中」之精義也。乃知卦變亦希夷所傳，均屬先天之學。故朱子附列於邵子六圖之後云。

李挺之六十四卦相生圖

乾坤者諸卦之祖　姤䷫　　乾一交而爲姤

復䷗　　坤一交而爲復

凡卦一陰五陽者，皆自復卦而來，復一爻五變而成五卦。

師䷆　　謙䷎　　豫䷏

比䷇　剥䷖

凡卦五陽一陰者，皆自姤卦而來，姤一爻五變而成五卦。

同人䷌　履䷉　小畜䷈

大有䷍　夬䷪

遯䷠　乾再交而爲遯

臨䷒　坤再交而爲臨

凡卦四陰二陽者，皆自臨卦而來，臨五復五變而成十四卦。

第一四變　明夷䷣　震䷲　屯䷂

頤䷚

第二復四變　升䷭　解䷧　坎䷜

蒙䷃

第三復三變　小過䷽　萃䷬　觀䷓

第四復二變　蹇䷦　晉䷢

第五復一變　艮䷳

凡卦四陽二陰者，皆自遯卦而來，遯五復五變而成十四卦。

第一四變　訟䷅　巽䷸　鼎䷱
大過䷛
第二復四變　无妄䷘　家人䷤　離䷝
革䷰
第三復三變　中孚䷼　大畜䷙　大壯䷡
第四復二變　睽䷥　需䷄
第五復一變　兌䷹
否䷋　乾三交而爲否
泰䷊　坤三交而爲泰

凡卦三陰三陽者，皆自泰卦而來，泰三復三變而成九卦。

第一三變　歸妹䷵　節䷻　損䷨
第二復三變　豐䷶　既濟䷾　賁䷕
第三復三變　恒䷟　井䷯　蠱䷑

凡卦三陽三陰者，皆自否卦而來，否三復三變而成九卦。

第一三變　漸䷴　旅䷷　咸䷞

第二復三變　渙䷺　未濟䷿　困䷮

第三復三變　益䷩　噬嗑䷔　隨䷐

林氏易裨傳外篇曰：「李挺之六十四卦相生圖，其傳授見於反對圖中。漢上朱氏曰：『始虞氏卦變，乾坤生坎離，乾息而生復、臨、泰、大壯、夬，坤消而生姤、遯、否、觀、剥。自復來者一卦，豫。自明夷來者四卦，明夷、解、升、震。自泰來者九卦，蠱、賁、恒、升、井、歸妹、豐、節、既濟。自大壯來者六卦，需、大畜、大過、睽、鼎、兑。自夬來者一卦，同人。自遯來者五卦，訟、无妄、家人、革、巽。自否來者八卦，隨、噬嗑、咸、益、困、漸、渙、未濟。自觀來者五卦，晉、蹇、頤、萃、艮。自剥來者一卦。謙。而屯生於坎，蒙生於艮，比生於師，頤、小過生於晉，睽生於大壯，或生於无妄，旅生於賁，或生於噬嗑，中孚生於訟；小畜變需上，履變訟初，姤無生卦。師、比、同人、大有四卦闕，李鼎祚取蜀才、虞氏之書補其三卦。大有闕。而頤卦虞以爲生於晉，侯果以爲生於觀。』今以此圖考之，其合於圖者三十有六卦，又時有所疑，不合者二十有八卦。夫自下而上謂之升，自上而下謂之降。升者，生也，息也。降者，消也。陰生陽，陽生陰，陰復生陽，陽復生陰，升降消息，循環無窮，然不離於乾坤，一生二，二生三，至於三極矣。故曰『乾坤，大父母也』；『姤復，小父母也』」。嘗攷之諸儒之論相生者，始於虞翻、蜀才，近世漢上朱氏用以解易。然卦之六十有四，由八卦相錯而成也，未有先有復、姤、臨、遯、泰、否，而後有諸卦者。傳曰：『八卦成列，象在其中矣。因而重之，爻在其中矣。』攷夫震、巽、坎、離、艮、兑，相合而後成卦。今謂震、坎、艮生於臨，巽、離、兑生於遯，毋乃顛倒而不通邪？邵康節曰：『無極之前，陰含陽也。有象之後，陽分陰也。陰爲陽之母，陽爲陰之父，故母孕長男而爲復，父生長女而爲姤，是以陽起於復，而陰起於姤也。』又曰：『易始於乾坤，而交於復姤，蓋剛交柔而爲復，柔交剛而爲姤，自此而變無窮矣。』由前之説，則陽生於子，陰生於午之義也；由後之説，則十二辟卦剛柔相摩之義也。今論卦變相生之説，曰：易於賁曰：『柔來而文剛，剛上而文柔。』節曰：『剛柔分而剛得中。』无妄曰：『剛自外來，而爲主於内。』大傳曰：『剛柔相推，變在其中矣。』是故有斯義也。要之，六十四卦之變皆本於八卦，而八卦之重又本於乾坤之奇偶。今卦之反對則兼上下體，六十四卦相生則專用下卦爲變，是亦一家之學耳，謂易道盡在於是則未也。姑取其大概著於篇。」

黄氏象數論曰：六十四卦相生圖不以觀、壯四陰四陽之卦爲主變，可以無虞氏重出之失矣。然臨、遯自第二變以後，主變之卦兩爻皆動，在彖傳亦莫知適從，又不如虞氏動以一爻之有定法也。方實孫有易卦變合圖，與相生圖同，至兩爻交動則稍更其次序。朱風林升分爲内外體，有『自十辟卦所變者：乾坤無變，故十二辟卦去之爲十卦。一陽在内體自復變，凡二卦；師、謙。一陽在外體自剥變，凡二卦；豫、比。二陽在内體自臨變，凡二卦；

升、明夷。二陽在外體自觀變，凡二卦：晉、革。二陽在内體一陽在外體自泰變，凡九卦。與相生圖同。一陰在内體自姤變，凡二卦：同人、履。一陰在外體自夬變，凡二卦：小畜、大有。二陰在内體自遯變，凡二卦：无妄、訟。二陰在外體自大壯變，凡二卦：需、大畜。二陰在内體一陰在外體自否變，凡九卦』。與相生圖同。有『自六子卦所變者：二陽分在内外，不處震之主爻者自震變，蹇、蒙。不處坎之主爻者自坎變，小過、頤。不處艮之主爻者自艮變：解、屯。二陰分在内外，不處巽之主爻者自巽變，睽、革。不處離之主爻者自離變：中孚、大過。不處兑之主爻者自兑變，家人、鼎。各得二卦』。其自十辟卦所變者以一爻升降，其自六子卦所變者以兩爻升降。自三陰三陽而外，主變之卦多，所生之卦少。何其頭緒之紛紜也。渭按，朱風林卦變支離破碎，全屬杜撰，而且於經無所用，故後不復著。

按，李挺之言卦變，莫善於反對，莫不善於相生。反對者經之所有，相生者經之所無也。六十四卦相生圖，蓋從乾坤三索之義，而推之於六畫以爲卦變。純乾純坤一交而爲姤復，再交而爲遯臨，三交而爲否泰，是亦可以已矣。而又以姤初之一陰，復初之一陽遞升以訖於上，遯臨之二陰二陽，否泰之三陰三陽亦如之。夫姤復以一爻主變，猶有定法，若遯、臨、否、泰則兩爻俱動，或獨升，或同升，主變者非一，紛然而無統紀矣。且六子純卦亦不過因而重之。今乃謂震、坎、艮生於臨，巽、離、兑生於遯，有是理乎？甚矣！此圖之爲贅肬也。

易外別傳先天六十四卦直圖

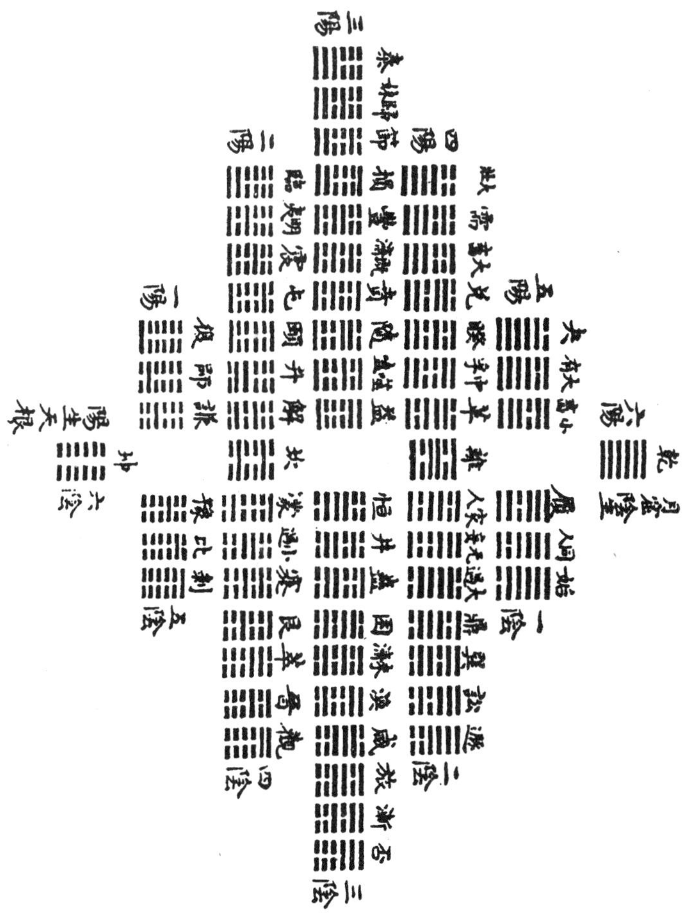

邵子皇極經世書曰：「天地之本，其起於中乎，是以乾坤屢變而不離乎中也。」又曰：「自下而上謂之升，自上而下謂之降。升者，生也。降者，消也。故陽生於下，陰生於上，是以萬物皆反生也。」又曰：「陰生陽，陽生陰，陰復生陽，陽復生陰，是以循環而無窮也。」

乾坤吟曰：「道不遠於人，乾坤只在身。誰能天地外，別去覓乾坤。」

俞氏曰：「乾坤，陰陽之純。坎離，陰陽之交。乾純陽爲天，故居中之上；坤純陰爲地，故居中之下。坎陰中含陽爲月，離陽中含陰爲日，故居乾坤之中。其餘六十卦，自坤中一陽之生，而至五陽則升之極矣，遂爲六陽之純乾；自乾中一陰之生，而至五陰則降之極矣，遂爲六陰之純坤。一升一降，上下往來，蓋循環而無窮也。天地如此，人身亦如此。子時氣到尾閭，丑寅在腰間，卯辰巳在脊膂，午在泥丸，未申酉在胸膈，戌亥則又歸於腹中，此一日之升降然也。一息亦然。呼則自下而升於上，吸則自上而降於下。在天則應星，而如斗指子午；在地則應潮，而如月在子午，子午蓋天地之中也。參同契云：『合符行中。』又云：『運移不失中。』又云：『浮游守規中。』人能知吾身之中，以合乎天地之中，則乾坤不在天地，而在吾身矣。」

按，希夷先天之學，參同契之的傳也。伯陽所言，無非丹道。其曰：「二用無爻位，周流行六虛。往來既不定，上下亦無常。」蓋借易剛柔往來上下以明人身二氣之升降，與夫子象傳所言不同指。而李氏六十四卦相生圖，於丹道絶無交涉，安在其爲先天邪？竊疑穆修受學於希夷，唯有反對圖，而相生則李氏以意爲之，頗緣飾以儒者之義理，故其圖彷彿虞仲翔，多與象傳相合。唯石澗直圖上乾下坤，而坎離居中，正得「乾坤爲鼎器，坎離爲藥物」之意。又據邵子「天根月窟」之説，自坤中一陽生而升至五陽，遂爲六陽之純乾，自乾中一陰生而降至五陰，遂爲六陰之純坤。一升一降，上下往來，與伯陽之義脗合。且諸卦皆生於乾坤，無姤、復小父母之疵，而四陰二陽與坎並列，四陽二陰與離並列，亦皆井然有條理，無重出之病，勝李氏二圖遠甚。然石澗未嘗自名爲卦變也。第因邵子有横圖、圓圖、方圖，而更作先天直圖以申其意。自余觀之，此圖既非六十四卦之次序，又非六十四卦之方位，正可作卦變圖耳。異哉！石澗能於三百餘歲後，紹聞知之統，使呼吸上下往來之象一望瞭然，真希夷先天之學，而邵子之所不及圖者也。故附列李氏二圖之末，以質於後之君子。

右論李氏卦變。

朱子卦變圖

本義圖説曰：「象傳或以卦變爲説，今作此圖以明之。蓋易中之一義，非畫卦作易之本指也。」

凡一陰一陽之卦各六，皆自復姤而來。五陰五陽，卦同圖異。

䷖剥　䷇比　䷏豫　䷎謙　䷆師　䷗復

䷪夬　䷍大有　䷈小畜　䷉履　䷌同人　䷫姤

凡二陰二陽之卦各十有五皆自臨遯而來。四陰四陽，卦同圖異。

䷚頤　䷂屯　䷲震　䷣明夷　䷒臨

䷃蒙　䷜坎　䷧解　䷭升

䷳艮　䷦蹇　䷽小過

䷢晉　䷬萃

䷓觀

䷛大過　䷱鼎　䷸巽　䷅訟　䷠遯

䷰革　䷝離　䷤家人　䷘无妄

䷹兑　䷥睽　䷼中孚

䷄需　䷙大畜

䷡大壯

凡三陰三陽之卦各二十，皆自否泰而來。

䷨損　䷻節　䷵歸妹　䷊泰

䷕賁　䷾既濟　䷶豐

䷔噬嗑　䷐隨

䷩益

䷑蠱　䷯井　䷟恒

䷿未濟　䷮困

䷺渙

䷷旅　䷞咸

䷴漸

䷋否

䷞咸　䷷旅　䷴漸　䷋否

䷮困　䷿未濟　䷺渙

䷯井　䷑蠱

䷟恒

䷐隨　䷔噬嗑　䷩益

䷾既濟　䷕賁

䷶豐

䷻節　䷨損〔一〕

䷵歸妹

䷊泰

凡四陰四陽之卦各十有五，皆自大壯觀而來。二陰二陽，圖已見前。

䷙大畜　䷄需　䷡大壯

䷥睽　䷹兌

䷼中孚

䷝離　䷰革

䷤家人

䷘无妄

〔一〕「節、損」二卦，原缺，據周易本義補。

䷱鼎　䷛大過

䷸巽

䷅訟

䷠遯

䷬萃　䷢晉　䷓觀

䷦蹇　䷳艮

䷽小過

䷜坎　䷃蒙

䷧解

䷭升

䷂屯　䷚頤

䷲震

䷣明夷

䷒臨

凡五陰五陽之卦各六，皆自夬剥而來。一陰一陽，圖已見前。

䷍大有　䷪夬

䷈小畜

䷉履

䷌同人

䷫姤

䷇比　䷖剥

䷏豫

䷎謙

䷆師

䷗復

黃氏象數論曰：「朱子言：『以彖傳考之，說卦變者凡十九卦，蓋言成卦之由。彖傳不言成卦之由，則不言所變之爻。』此是朱子自言其卦變也。繫辭傳曰：『爻者，言乎變者也。』易中何卦不言變？辭有隱顯，而理無不寓，即證之彖辭，亦非止十九卦也。訟『剛來而得中』，以需之反對觀之，彼得正又得中，此但得中不能得正。泰否之『往來』，所謂『反其類』。隨『剛來而下柔』，蠱『剛上而柔下』，二卦反對，蠱上之剛自外卦來，初居二三之下，隨初剛自下而上，上柔自上而下。噬嗑『柔得中而上行』，賁『柔來而文剛』，『分剛上而文柔』。前卦謂六二上行爲五，後卦言六五自外卦而入内，初九從下卦而至上。无妄『剛自外而爲主於内』，大畜『剛上而尚賢』。无妄之初九自大畜上爻外卦來，爲内卦之主，大畜之上九自无妄初爻而上。咸『柔上剛下』，恒『剛上柔下』。咸指上六、九三，恒指九四、初六。晉『柔進而上行』，明夷之六二上行爲六五。睽『柔進而上行』，家人之六二上行爲六五。蹇『往得中也』，解『其來復，吉，乃得中也』。蹇之九五自解内卦，故曰往；解之九二自蹇外卦，故曰來。升『柔以時升』，升上卦之柔，皆萃卦〔二〕所升。鼎『柔進而上行』，鼎五由萃〔三〕二而上。漸『進得位』，漸九五當歸妹居二，爲『不得位』。涣『剛來而不窮』者，節五來二，『柔得位乎外而上同』者，柔在三失位，在四得位。此朱子所謂『十九卦之象辭皆以反對爲義』者也。需『位乎天位，以正中也』，自訟九二而來得中，又得正。損『損下益上，其道上行』，益『損上益下，自上下下』。由損觀之，似以三爻益上爻；由益觀之，似以四爻益初爻。小畜『密雲不雨』，反對爲履。履下之兑，澤氣成雲，故曰

〔二〕「卦」上，易學象數論有二「下」字。
〔三〕「萃」，易學象數論作「革」。

『密雲』；兑變而巽，風以散之，故曰『不雨』。大有『應乎天而時行』，方其同人在二之時，應乎天也，今時行而居其位。謙『地道卑而上行』，地道指坤，豫在下卦爲卑，謙在上卦爲上行。臨『至於八月』，觀二陽在上，臨二陽在下，自臨至觀歷八爻，故言『八月』。復『七日來復』，剥一陽在上，復一陽在下，自剥至復，歷七爻，故言『七日』。明夷『初登於天』言晉，『後入於地』言明夷。夬『所尚乃窮』，對姤爲言。井『改邑不改井』，兑爲『剛鹵之地』，變而爲巽，則『近利市三倍』，是『改邑』也；坎不變，是『不改井』也，皆對困言之。歸妹『征凶，位不當也』。漸之二五皆當位，至歸妹皆不當。旅『柔得中乎外』，在豐爲得中乎內。巽『柔皆順乎剛』，兑『剛中而柔外』，兑柔不順乎剛，巽柔中而剛外，二卦相反。既濟『剛正而位當』，未濟『不當位』，二卦亦相反。此朱子十九卦以外，亦皆以反對爲義者也。反對之窮而反其奇偶以配之，又未嘗不暗相反對於其間。如中孚上爻之『翰音』，反對即爲小過初爻之『飛鳥』；頤之『口實』由大過之兑，大過『士夫老夫』由頤之艮震。此序卦之不可易也。奈何諸儒之爲卦變，紛然雜出，而不能歸一乎？」

「朱子變卦圖一陰一陽與五陰五陽相重出，二陰二陽與四陰四陽相重出，泰與否相重出。除乾坤之外，其爲卦百二十有四，蓋已不勝其煩矣。易之上下往來，皆以一爻升降爲言，既有重出，則每卦必有二來，從其一則必舍其一。以彖傳附會之，有一合必有一不合。就其所謂一來者，尚有兩爻俱動，并其二來，則動者四爻矣。原諸儒卦變之意，所以明其自復、姤、臨、遯、否、泰、大壯、觀、夬、剥而來者，以其卦惟此一爻之故變爲別卦，是以脈絡可尋而定爲主變。使一卦之中頭緒紛然，爻爻各操其柄，則彼卦之體已不復存，猶可認其自某所而來乎？朱子雖爲此圖，亦自知其決不可用。所釋十九卦彖辭，盡舍主變之卦，以兩爻相比者互换爲變。訟則自遯，二三相换。泰則自歸妹，三四相换。否則自漸，三四相换。隨則自困、初二相换。自噬嗑、五上相换。自未濟，初與二、五與上相换。蠱則自賁、初二相换。自井、五上相换。自既濟，初與二、五與上相换。噬嗑則自益，四五相换。賁則自損、二三相换。自既濟，五上相换。无妄則自訟，初二相换。大畜則自需，五上相换。咸則自旅，五上相换。恒則自豐，初二相换。晉則自觀，四五相换。睽則自離、二三相换。自中孚、四五相换。自家人，二與三、四與五相换。蹇則自小過，四五相换。解則自升，升則自解，皆三四相换。鼎則自巽，四五相换。漸則自渙、二三相换。自旅，四五相换。渙則自漸，二三相换。凡十九卦，而主變者二十有七；或來自一卦，或來自兩卦三卦，多寡不倫，絕無義例。就以其法推之，此十九卦中，朱子之所舉者亦有未盡。訟之自无妄、初二相换。自巽，三四相换。隨之自既濟，三四相换。蠱之自未濟，三四相换。噬嗑之自未濟、初二相换。自賁、三四相换。自隨，五上相换。賁之自蠱、初二相换。自噬嗑，三四相换。无妄之自家人，三四相换。大畜之自睽，三四相换。咸之自困，二三相換。恒之自井，四五相換。晉之自艮，三四相換。自萃，五上相換。睽之自大畜，三四相換。自兑，五上相換。蹇之自坎，二三相換。自萃，三四相換。自艮，五上相換。解之自震，初二相換。自小過，二三相換。自坎，四五相換。升之自明夷，初二相換。鼎之自離，初二相換。自大過，五上相換。漸之自否，三四相換。涣之自益，初二相換。自未濟，四五相換。復得二十九卦，而兼之者不與焉。此二十九卦者，以爲有用乎，則爲彖辭之所不及；以爲無用乎，不應同一卦變在一卦中。其可以附會彖辭者從而取之，其不可以附會彖辭者從而置之。朱子云『某之説却覺得有自然氣象』者，安在也？且易所謂『往來上下』者，自内之外謂往，自外之内謂來，上者，上卦也；下者，下卦也。今兩爻互换，同在内卦而謂之往，同在外卦而謂之來，同在上卦而曰下，同在下卦而曰上，即欲附會之，而有所不能矣。是朱子之卦變，兩者俱爲無當，宜乎其説之不能歸一也。」

按，邵子言：「重卦不易者八，反復者二十八，以三十六變而爲六十四。」卦變之義，數言盡之矣。據此以釋彖傳亦足矣。李挺之相生圖已傷煩碎，況朱子之所定乎？梨洲一一指摘，無微不彰。但朱子專取十九卦者，第就彖傳所謂剛柔、往來、上下、内外者而求之，其它則未暇及。梨洲續舉諸卦中，唯損益二卦似不當遺，何也？彖傳曰：「損剛益柔。」又曰：「損下益上，其道上行。」又曰：「損上益下，自上下下。」則剛柔上下之義備矣，正可與十九卦並舉，何獨遺之？其它只言剛柔，而不言往來上下，則其義即本卦可見，不必求之卦變，固不在此例。然朱子欲以卦變附先天之後，當仍用李氏反對圖，猶不失希夷本指。今乃據相生圖以更定其法，煩碎甚於李氏，而及其釋經也，則又舍反對之卦，而泛泛焉以兩爻相比者互换爲變。往來上下訖無定法，亦安用此圖爲也？

經於六十四卦之首，各列二體六畫，即卦變圖也。剛柔往來之義，開卷了然，何以别圖爲？或曰：誠用反對，則每卦必顛倒視之，而後可以知彖傳之所謂，不亦勞乎？余曰：人之眼光雖至短，兩卦相去尺幅間，豈不能兼矚，而必須顛倒以視之？此言真兒童之見，疑乎其所不足疑。

右論朱子卦變。

易圖明辨卷十

象數流弊

本義圖説曰：「右易之圖九，有天地自然之易，有伏羲之易，有文王、周公之易，有孔子之易。自伏羲以上皆無文字，只有圖畫，最宜深玩，可見作易本原，精微之意。文王以下方有文字，即今之周易。然讀者亦宜各就本文消息，不可便以孔子之説爲文王之説也。」

震川歸氏易圖論曰：「夏爲連山、商爲歸藏、周爲周易，經、别之卦其數皆同。雖三代異名，而伏羲之易即連山，而在連山即歸藏，而在歸藏即周易，而在周易未嘗别有所謂伏羲之易也。後之求之者，即其散見於周易之六十四卦者是已。」又曰：「以圖説易自邵子始，吾怪夫儒者不敢以文王之易爲伏羲之易，而乃以伏羲之易爲邵子之易也。」

按，本義卷首列九圖於前，而總爲之説。所謂天地自然之易，河圖、洛書也。伏羲之易，先天八卦及六十四卦次序、方位也。文王之易，後天八卦次序、方位及六十四卦之卦變也。本義卦變圖，朱子爲釋象傳而作，非康節反對之旨，故屬之後天。是皆著爲圖者。伏羲有畫而無辭，文王繫彖，周公繫爻，孔子作十翼，皆遞相發揮以盡其義，故曰：「聖人之情見乎辭。」辭者，所以明象數之難明者也。而朱子顧以爲三聖人之易專言義理，而象數闕焉，是何説與？且易之所謂象數，蓍卦焉而已，卦主象，蓍主數。二體六畫，剛柔雜居者，象也；大衍五十，四營成易者，數也。經文粲然，不待圖而明，若朱子所列九圖，乃希夷、康節、劉牧之象數，非易之所謂象數也。三聖人之言，胡爲而及此乎？伏羲之世，書契未興，故有畫而無辭。延及中古，情僞漸啓，憂患滋多，故文王繫彖以發明伏羲未盡之意。周公又繫爻以發明文王未盡之辭，一脈相承，若合符節。至於孔子，紹聞知之統，集羣聖之大成，論者以爲生民所未有。使伏羲、文王、周公之意，而孔子有所不知，何以爲孔子。既已知之，而別自爲説以求異於伏羲、文王、周公，非「述而不作」之指也。然則伏羲之象得辭而益彰。縱令深玩圖畫而得其精微，亦不外乎文王、周公、孔子所言之理，豈百家衆技之説所得而竄入其中哉！九圖雖妙，聽其爲易外別傳，勿以冠經首可也。

右論四聖之易

宋史隱逸傳：「陳摶，字圖南，亳州真源人。始四五歲，戲渦水岸側，有青衣媪乳之，自是聰悟日益。及長，讀經史百家之言，一見成誦，悉無遺忘，頗以詩名。後唐長興中，舉進士不第，遂不求禄仕，以山水爲樂。自言嘗遇孫君仿、麞皮處士。二人者，高尚之人也，語摶曰：『武當山九室巖可以隱居。』摶往棲焉。因服氣辟穀，歷二十餘年，但日飲酒數杯。移居華山雲臺觀，又止少華石室。每寢處，多百餘日不起。周世宗好黄白術，有以摶名聞者，顯德三年命華州送至闕下。留止禁中月餘，從容問其術，摶對曰：『陛下爲四海之主，當以致治爲念，奈何留意黄白之事乎？』世宗不之責，命爲諫議大夫，固辭不受。既知其無他術，放還所止，詔本州長吏歲時存問。太平興國中來朝，太宗待之甚厚。九年復來朝，上益加禮重，謂宰相宋琪等曰：『摶獨善其身，不干勢利，所謂方外之士也。摶居華山已四十餘年，度其年經〔一〕百歲。自言經承五代離亂，幸天下太平，故來朝覲。與之語，甚可聽。』因遣中使送至中書，琪等從容問曰：『先生得玄默修養之道，可以教人乎？』對曰：『摶山野之人，於時無用，亦不知神仙黄白之事、吐納養生之理，非有方術可傳。假令白日冲天，亦何益於世？今聖上龍顔秀異，有天人之表，博達古今，深究治亂，真有道仁聖之主也。正

〔一〕「經」，宋史本傳作「近」。

君臣協心同德、興化致治之秋，勤行修鍊，無出於此。』琪等稱善，以其語白上。上益重之，下詔賜號希夷先生，仍賜紫衣一襲，留摶闕下，數月放還山。端拱初，忽謂弟子賈〔二〕德昇曰：『汝可於張超谷鑿石爲室，吾將憩焉。』二年秋七月，石室成。摶手書數百言爲表，其略曰：『臣摶大數有終，聖朝難戀，已於今月二十二日化形於蓮華峰下張超谷中。』如期而卒，經七日支體猶溫。有五色雲蔽塞洞口，彌月不散。摶好讀易，手不釋卷。常自號扶摇子，著指玄篇八十一章，言導養及還丹之事。宰相王溥亦著八十一章，以箋其指。摶能逆知人意，齋中有大瓢挂壁上，道士賈休復心欲之，摶已知其意，謂休復曰：『子來非有他，蓋欲吾瓢耳。』呼侍者取以與之，休復大驚，以爲神。有郭沆者，少居華陰，夜宿雲臺觀。摶中夜呼，令趣歸，沆未決。有頃，復曰：『可勿歸矣。』明日，沆還家，果中夜母暴得心痛幾死，食頃而愈。華陰隱士李琪，自言唐開元中郎官，已數百歲，人罕見者。關西逸人呂洞賓有劍術，百餘歲而童顏，步履輕疾，頃刻數百里，世以爲神仙。皆數來摶齋中，人咸異之。」

錢希白洞微志曰：「上即位初，鄧州觀察使錢太博若水，雍容文雅，亦近世奇士，堅乞罷樞務，遂拜禮部貳卿，充集賢院學士。其日晚，余往謁賀，諸客退，獨相留後廳同坐。

〔二〕「賈」，原作「蔣」，據宋史本傳改。

因云：『某初應舉，欲求解，遂往華陰謁陳先生。通刺後，蒙倒屣相迎，臨出，執手約後十日却相訪。至期徑往，迎入山齋地爐中，已先有一僧，擁衲對坐。某揖之，寒暄之禮，亦甚簡傲，少年壯氣，頗不平之。良久，僧熟視某，而謂陳曰：『無此骨法。』二公皆微笑。雖驚異其言，而不敢詢問。更有他客至，乃逡巡先退。次日，某獨往見陳，且問僧名及言者何事。陳曰：『此即白閣道者也。道行高潔，學通天人，至於知人，尤爲有神仙之鑒。欲勸留學道，中心不決，遂請道者質疑。他云：見足下非神仙骨法，學道亦不能成，但却得好官，能於急流中勇退耳。』又云：『他本在太白山，累歲方一到此。』某再求見，終不可得。人生萬事，知不可以力取。』張端義貴耳集云：僧即麻衣道者。

按，希夷，老氏之徒也。著指玄篇，言導養還丹之事，則其能養生也可知矣。觀賈、郭二事，及預決亡日，則其能知來也可知矣。養生，魏伯陽之學也。知來，管輅、郭璞之術也。至所與游者多異人，化形之後有異徵，則其爲神仙者流又可知矣。先天圖於造化陰陽之妙，不無所窺見。要之，爲道家之易，而非聖人之易，其可以亂吾經邪？

朱子答蔡季通書曰：「陰君丹訣，見濂溪有詩及之，當是此書。」雲笈七籤載陰真君傳，言：「陰長生者，新野人也。師事馬明生，受太清金液神丹，白日升天，臨去，著書九篇。」又陰真君自序曰：「惟漢延光元年，新野山之子受仙君神丹要訣，道成去世，副之名山。」蓋即此所謂陰君丹訣也。濂溪學本希夷，留心丹道，此亦其一證。彼之行此而壽考，乃喫豬肉而飽者，吾人所知。蓋不止此，乃不免於衰病，豈坐談龍肉而實未得嘗之比邪？魏書一哥已刻就，前日寄來，此必寄去矣。校得頗精，字義音韻皆頗有據依，遠勝世俗傳本，只欠教外別傳一句耳。」

書周易參同契考異後曰：「魏君，後漢人。篇題蓋倣緯書之目，詞韻皆古，奧雅難通，讀者淺聞，妄輒更改，故比他書尤多舛誤。今合諸本，更相讎正，其間尚多疑晦，未能盡祛，姑據所知，寫成定本。其諸同異，因悉存之，以備參訂云。空同道士鄒訢。」雙湖胡氏曰：「鄒訢即公姓名。向解者以爲鄒者朱之轉，訢者熹之轉耳。後據考異本原有註云：『按，鄒本春秋邾子之國。樂記云：天地訢合。鄭氏註：訢當作熹。』則鄒訢二字即朱熹二字，他人不解也。」

題袁機仲所校參同契後曰：「予頃年經行順昌，憩篔簹鋪，見有題『煌煌靈芝，一年三秀。予獨何爲，有志不就』之語於壁間者，三復其詞而悲之，不知題者何人，適與予意會也。慶元丁巳八月七日，時朱子年六十八。再過其處，舊題固不復見，而屈指歲月，忽忽餘四十年，此志真不就矣。道間偶讀此書，并感前事，戲題絕句：鼎鼎百年能幾時，靈芝三秀欲何爲。金丹歲晚無消息，重歎篔簹壁上詩。晦翁。」

調息箴曰：「鼻端有白，我其觀之，隨時隨處，容與猗移。靜極而噓，如春沼魚，動極而翕，如百蟲蟄。氤氲開闢，其妙無窮，孰其尸之，不宰之功。雲卧天行，非予敢議，守一處和，千二百歲。」

答王子耕書曰：「病中不宜思慮，凡百可且一切放下，專以存心養氣爲務，但跏趺靜坐，目視鼻端，注心臍腹之下，久自溫暖，即漸見功效矣。」

按，養生、知來，皆希夷之能事，而朱子獨有取於養生者，蓋衰年病侵，欲藉是以却之，使德業更有所進耳。觀鼻端之白，歎壁上之詩，疑龍鮓之難嘗，羨豬肉之易飽，所謂寓意於物，而不留意於物也。故金丹之訣不惟知之，而身欲試之。撰參同契考異，託名空同道士鄒訢，而序啓蒙則曰雲臺真逸，跋道德經則曰雲臺子，及其奉祠雲臺也，又寄陸子靜書云：「熹衰病，幸叨祠禄，遂爲希夷直下諸孫，良以自慶。」其嚮慕之誠如此，此太極真圖所以期於必得也。坎離龍虎，未必非易中之一義，但不可謂易專爲是而作耳。」

右論陳希夷。

宋史道學傳：「邵雍，字堯夫。其先范陽人，父古徙衡漳，又徙共城。雍年二〔一〕十，

〔一〕「二」，宋史本傳作「三」。

游河南，葬其親伊水上，遂爲河南人。雍少時，自雄其才，慷慨欲樹功名。於書無所不讀，始爲學即堅苦刻厲，寒不爐，暑不扇，夜不就席者數年。已而歎曰：『昔人尚友於古，而吾獨未及四方。』於是踰河、汾，涉淮、漢，周流齊、魯、宋、鄭之墟，久之，幡然來歸，曰：『道在是矣。』遂不復出。北海李之才攝共城令，聞雍好學，嘗造其廬，謂曰：『子亦聞物理性命之學乎？』雍對曰：『幸受教。』乃事之才，受河圖、洛書、宓羲八卦六十四卦圖象。之才之傳，遠有端緒，而雍探賾索隱，妙悟神契，洞徹蘊奥，汪洋浩博，多其所自得者。及其學益老，德益劭，玩心高明，以觀天地之運化，陰陽之消長，遠而古今世變，微而走飛草木之性情，深造曲暢，庶幾所謂不惑，而非依倣象類、億則屢中者。遂衍宓羲先天之旨，著書十餘萬言行於世，然世之知其道者鮮矣。熙寧十年卒，年六十七，贈祕書省著作郎。元祐中賜謚康節。雍高明英邁，迴出千古，而坦夷渾厚，不見圭角〔一〕，是以清而不激，和而不流，人與交久，益尊信之。河南程顥初侍其父識雍，議論終日，退而歎曰：『堯夫，内聖外王之學也。』雍知慮絶人，遇事能前知。程頤嘗曰：『其心虚明，自能知之。』當時學者因雍超詣之識，務高雍所爲，至謂雍有玩世之意；又因雍之前知，謂雍於凡物聲氣之所感觸，輒以其動而推其變焉。

〔一〕「角」，原作「印」，據經解本及宋史本傳改。

於是摭世事之已然者，皆以雍言先之，雍蓋未必然也。所著書曰皇極經世、觀物内外篇、漁樵問對，詩曰伊川擊壤集。」

邵子無名公傳曰：「朝廷授之官，雖不强免，亦不强起。晚有二子，教之以仁義，授之以六經。舉世尚虚談，未嘗掛一言；舉世尚奇事，未嘗立異行，故其詩曰：『不佞禪伯，不諛方士，不出户庭，直游天地。』家素業儒，口未嘗不道儒言，身未嘗不行儒行，故其詩曰：『心無妄思，足無妄走，人無妄交，物無妄受。炎炎論之，甘處其陋；綽綽言之，無出其右。羲、軒之書，未嘗去手；堯、舜之談，未嘗離口。當中和天，同樂易友；吟自在詩，飲歡喜酒。百年升平，不爲不偶；七十康彊，不爲不壽。』此其無名公之行乎！」

明道先生誌康節之墓曰：「昔七十子學於仲尼，其傳可見者，惟曾子告子思〔一〕，所以授孟子者耳。其餘門人各以其材之所宜爲學，雖同尊聖人，所因而入者，門户則衆矣。況後此千餘歲，師道不立，學者莫知其從來。獨先生之學爲有傳也。先生得之於李挺之，挺之得於穆伯長，推其源流，遠有端緒。今穆、李之言及其行事，概可見矣。而先生醇一不雜，汪洋浩大，乃其所自得者多矣。然而名其學者，豈所謂門户之衆，各有所因而

〔一〕「曾子告子思」，邵堯夫先生墓誌銘原文作「曾子所以告子思，而子思」。

入者歟？語成德者，昔難其居。若先生之道，就其〔一〕至而論之，可謂安且成矣。」

程氏遺書曰：「堯夫之學，先從理上推意、言、象、數。言天下之理，須出於四者，推到理處，曰：『我得此大者，則萬事由我，無有不定。』然未必有術，要之亦難以治天下國家。其爲人則直是無禮不恭，惟是侮玩，雖天地亦爲之侮玩。如無名公傳言『問諸天地，天地不對。弄丸餘暇，時往時來』之類。」

「君實篤厚，晦叔謹嚴，堯夫放曠。」又曰：「堯夫道雖偏駮，然卷舒作用極熟，又能謹細行。」又曰：「堯夫襟懷放曠，如空中樓閣，四通八達也。」「伯淳言：『邵堯夫病革，且言試與觀化一遭。』子厚言：『觀化他人，便觀得自家，自家〔二〕又如何觀得化？嘗觀堯夫詩意，纔做得識道理，卻於儒術未見所得。』」

「世人之學博聞彊識者豈少，其終無有不入禪學者，就其間特立不惑，無如子厚、堯夫，然其說之流，恐未免此弊。」

「邵堯夫數法出於李挺之，至堯夫推數方及理。」

〔一〕「其」下，墓誌銘原文有「所」字。

〔二〕「自家」二字原脫，據程氏遺書卷十補。

「邵堯夫臨終時，只是諧謔，須臾而去。以聖人觀之，則亦未是，蓋猶有意也。比之常人，甚懸絶矣。他疾甚革，某往視之，因警之曰：『堯夫平生所學，今日無事否？』他氣微不能答。次日見之，却有聲如絲髮來大，答云：『你道生薑樹上生，我亦只得依你説。』」

尹子曰：「邵堯夫家以墓誌屬明道，太中伊川不欲，因步月於庭。明道曰：『顥已得堯夫墓誌矣。堯夫之學，可謂安且成。』太中乃許。」

上蔡語録曰：「堯夫易數甚精。自來推長曆者，至久必差，惟堯夫不然，指一二近事，當面可驗。明道云：『待要傳與某兄弟，某兄弟那得功夫。要學須是二十年功夫。』明道聞説甚熟，一日因監試無事，以其説推算之，皆合，出謂堯夫曰：『堯夫之數只是加一倍法，以此知太玄都不濟事。』堯夫驚，撫其背曰：『大哥你恁聰明。』伊川謂堯夫：『知易數爲知天，知易理爲知人。』堯夫云：『還須知易理爲知天。』因説：『今年雷起甚處？』伊川云：『堯夫怎知某便知。』又問：『某處起？』伊川云：『起處起。』堯夫愕然。他日伊川問明道曰：『加倍之數何如？』曰：『都忘之矣。』因歎其心無偏繫如此。」

朱子語類：「問：康節學到不惑處否？曰：康節又别是一般，聖人知天命以理，它只是以術，然到得術之精處，亦非術之所能盡，然其初只術耳。」又曰：「想它看見天下之事，才上手來便成四截了。其先後緩急，莫不有定，動中機會，事到面前便處置得下矣。只是用時須差異，須有些機權術數也。」

「老子窺見天下之事，却討便宜，置身於安閒之地，云清靜自治。邵康節亦有些小似他。問：淵源録中何故有康節傳？曰：書坊自增耳。」見孟子「楊子取爲我」章下。

答汪尚書書曰：「程邵之學固不同，然二先生所以推尊康節者至矣，蓋以其信道不惑，不雜異端。班於温公、横渠之間，則亦未可以其道不同而遽貶之也。和靖之言，恐如孟子言，伯夷、伊尹之於孔子，爲不同道之比，妄意其然，不識台意以爲然否？抑康節之學抉摘窈微，與佛老之言豈無一二相似，而卓然自信，無所汙染，此其所見必有端的處。比之温公欲護名教而不言者，又有間矣。」

厚齋王氏曰：「張文饒云：處心不可著，直略切，下同。著則偏；作事不可盡，盡則窮。先天之學止是此二語，天之道也。愚謂邵子詩『夏去休言暑，冬來始講寒』，則心不著矣。『美酒飲教微醉後，好花看到半開時』，則事不盡矣。」

按，邵子之學源出希夷，實老、莊之宗派。但希夷一言一動，無非神仙面目，而邵子則不尚虛談，不立異行，不落禪機，不溺丹道，粹然儒者氣象，故二程樂與之游。然觀其平日所論，微有不滿於邵子者，曰放曠，曰偏駮，曰無禮不恭，曰空中樓閣，曰儒術未見所得，曰其說之流有弊。瑕瑜不相掩，亦未可謂推尊之至也。及其爲墓誌，則謂得之穆、李者，特因其材之所宜，以爲入道之門户，則固以象數爲一家之學矣。雖云自得者多，不止穆、李之所傳，然終不離乎象數。易道之大無所不包，執一家之學，而以爲伏羲之精意全在於此，豈理也哉？朱子於先天方位得養生之要，於加一倍法見數學之精，篤信季通，意固有在，吾何敢輕議？但不當列諸經首，以爲伏羲之易耳。明道適僧舍，見其方食，而曰：「三代威儀盡在是矣。」此偶然語也。設有人焉，掇浮屠之戒律冠於禮經之首，則荒矣。胡文定於内典獨稱楞嚴、圓覺，亦謂彼教中有可取者耳。設有人焉，舉二書於中庸、論語合爲一編，則悖矣。故吾以爲邵子之易與聖人之易，離之則雙美，合之則兩傷。學者不可以不審也。

右論邵康節。

宋史隱逸傳：「譙定，字天授，涪陵人。少喜學佛，折〔一〕其禮歸於儒。後學易於郭曩氏，自『見乃謂之象』一語以入。郭曩氏者，世家南平，始祖在漢爲嚴君平之師，世傳易學，

〔一〕「折」，宋史本傳作「析」。

蓋象數之學也。定一日至汴，聞伊川程頤講道於洛，潔衣往見，棄其學而學焉。遂得聞精義，造詣愈至，浩然而歸。其後，頤貶涪，實定之鄉也。北山有巖，師友游泳其中，涪人名之曰讀易洞。靖康初，吕好問薦之，欽宗召爲崇政殿説書，以論弗合，辭不就。高宗即位，定猶在汴，右丞許翰又薦之，詔宗澤津遣詣行在。至維揚，寓邸舍，窶甚，一中貴人偶與鄰，餽之食不受，與之衣亦不受，委金而去，定袖而歸之，其自立之操類此。上將用之，會金兵至，失定所在。復歸蜀，愛青城大酉〔一〕之勝，棲遁其中，蜀人指其地曰譙巖，敬定而不敢名，稱之曰譙夫子，有繪像祀之者，久而不衰。定易學得之程頤，授之胡憲、劉勉之，而馮時行、張行成則得定之餘意者也。定後不知所終，樵夫牧童往往有見之者，世傳其爲仙云。初，程頤之父珦嘗守廣漢，頤與兄顥皆隨侍，游成都，見治篋籠桶者挾册，就視之則易也，欲擬議致詰，而篋者先曰：『若嘗學此乎？』因指『未濟，男之窮』以發問。二程遜而問之，則曰：『三陽皆失位。』兄弟涣然有所省，翌日再過之，則去矣。其後袁滋入洛，問易於頤，頤曰：『易學在蜀耳，盍往求之？』滋入蜀訪問，久無所遇。已而見賣醬薛翁於眉、邛間，與語，大有所得，不知所得何語也。憲、勉之、滋皆閩人，時行、行成蜀人，郭曩氏及篋叟、醬翁

〔一〕「酉」，宋史本傳作「面」。

皆蜀之隱君子也。」

朱子籍溪先生胡公行狀曰：「先生學易於涪陵處士譙公天授，久未有得，天授曰：『是固當然。蓋心爲物漬，故不能有見，唯學乃可明耳。』先生於是喟然歎曰：『所謂學者，非克己工夫也邪。』自是一意下學，不求人知，一旦揖諸生歸，隱於故山。」

與汪尚書書曰：「郭子和云：『譙天授亦伊川黨事後門人。』熹見胡、劉，二丈說親見譙公，自言識伊川於涪陵，約以同居洛中，及其至洛，則伊川已下世矣。問以伊川易學，意似不以爲然。至考其他言行，又頗雜於佛、老子之學者，恐未得以門人稱也。以此一事及其所著象學文字推之，則恐其於程門亦有未純師者。不知其所謂卒業者，果何事邪！」

按，朱子此言，則譙定僅識伊川於涪陵，而入洛則不及見。史稱先受易於洛，後復從遊於其鄉者，妄也。徽宗朝蔡京用事，禁毋得挾元祐書，自是伊洛之學不行。時胡、劉二公皆在太學，而定適至，聞其嘗與伊川遊，故慨然師事之。所欲聞者，義理也，而定本象數之學，不能有所益。定於伊川不純師，二公於定亦未純師也。故朱子雖游二公之門，而不得見希夷之真圖，晚使蔡季通入峽，乃購得之。「易學在蜀」亦必非伊川語。蓋其徒知象數，非儒者所尚，故自附伊川之易，以張其學。修史者不能裁擇，因而書之以爲傳，實不然也。昔嚴君平著老子指歸，而郭曩氏始祖爲其師，然則定所受者乃老子之易，其於聖人之道，猶爝火之於日月也。何足選哉！何足選哉！

右論蜀隱者。

李潛麻衣道者正易心法序曰：「此書頃得之廬山一異人。或云許堅。或有疑而問者，余應之云：何疑之有，顧其議論可也。昔黄帝素問、孔子易大傳，世尚有疑之，嘗曰：世固有能作素問者乎？固有能作易大傳者乎？雖非本真，是亦黄帝、孔子之徒也。余於正易心法亦曰：世固有能作之者乎？雖非麻衣，是乃麻衣之徒也。胡不觀其文辭議論乎？一滴真金，源流天造，前無古人，後無來者，翩然於羲皇心地上馳騁，實物外真仙之書也。讀來十年方悟，浸漬觸類，以知易道之大如是也。得其人當與共之。」正易心法曰：「卦象示人，本無文字，使人消息，吉凶嘿會。易道不傳，乃有周、孔，周、孔孤行，易道復晦。」又曰：「易道彌滿，九流可入。當知活法，要須自悟。」又曰：「世俗學解，浸漬舊聞，失其本始，易道淺狹。」卷首題云：希夷先生受并消息。

跋曰：「五代李守正叛河中，周太祖親征，麻衣語趙韓王曰：『李侍中安得久，其城中有三天子氣。』未幾城陷，時周世宗與本朝太祖侍行。錢文僖公若水，陳希夷每見，以其神觀清粹，謂可學仙，有昇舉之分。見之未精，使麻衣決之，麻衣云：『無仙骨，但可作貴公卿耳。』夫以神仙與帝王之相，豈易識哉？麻衣一見決之，則其識爲何如也？即其識神仙識帝王眼目以論易，則其出於尋常萬萬也。固不容於其言矣。乾道元年冬十有一月初七日，玉溪戴師愈孔文撰。」

南軒張氏曰：「嗚呼！此真麻衣道者之書也。其說獨本於羲皇之畫，推乾坤之自然，考卦脈之流動，論反對變復之際深矣。其自得者歟？希夷隱君實傳其學，二公高視塵外，皆有長往不來之願，抑列禦寇、莊周之徒歟？雖然，概以吾聖門之法，則未也。形而下者謂之器，或者有未察歟？其說曰：六十四卦惟乾與坤本之自然，是名真體。又曰：六子重卦，乾坤雜氣，悉是假合，無有定實。余則以爲六子重卦，皆乾坤雜氣之妙用，真實自然，非假合也。希夷述其說曰：『學者當於羲皇心地上馳騁，無於周、孔脚跡下盤旋。』予則以爲學易者須於周、孔脚跡下尋求，然後羲皇心地上可得而識，推此可概見矣。然其書之傳，固非牽於文義、鑿於私意者所可同年而語也。」

朱子書麻衣心易後曰：「此書詞意凡近，不類一二百年前文字。如所謂『雷自天下而發，山自天上而墜』，皆無理之妄談，所謂『一陽生於子月，而應在卯月』，乃術家之小數；所謂『由破體煉之乃成全體』，則爐火之末技；所謂『人間萬事，悉是假合』，又佛者之幻語耳。其他此比非一，不容悉舉，要必近年術數末流，道聽塗說，掇拾老、佛、醫、卜諸説之陋者，以成其書。而其所以託名於此人，則以近世言象數者必宗邵氏，而邵氏之學出於希夷，於是又求希夷之所敬，得所謂麻衣而託之。以爲若是則凡出於邵氏之流者莫敢議己，而不自知其説之陋，不足以自附於陳、邵之間也。」

再跋麻衣易説後曰：「予既爲此説，後二年假守南康，始至，有前湘陰主簿戴師愈者來謁，老且聱，使其壻自掖而前，坐語未久，即及麻衣易説。問其師傳所自，則曰得之隱者。問隱者誰氏，則曰彼不欲世人知其姓名，不敢言也。既復問之邦人，則皆曰書獨出戴氏，莫有知其所自來者。予後至其家，見几間有所著雜書一編，取而讀之，則其詞語氣象，宛然麻衣易也。予以是始疑前時所料三五十年以來人者，即是此老。既歸，即取觀之，則最後跋語，固其所爲；而一書四人之文，體製規模乃出一手，然後深信所疑之不妄。是時戴病已昏，不久即死，遂不復可窮詰。獨得其易圖數卷，閲之又皆鄙陋瑣碎，穿穴無稽，如小兒嬉戲之爲者。欲以其事馳報敬夫，則敬夫亦已下世。因以書語呂伯恭曰：『吾病廢有年，乃復爲吏，然不爲他郡，而獨來此，豈天固疾此書之妄，而欲使我親究其實邪？』時當塗守李壽翁侍郎，雅好此書，伯恭因以余言告之。李亟以書來曰：『即如君言斯人而能爲此言，亦吾所願見也。幸爲津致，使其一來。』予適以所見聞報之，而李已得謝西歸，遂不復出。不知竟以余言爲何如也。」

陳氏書録解題曰：「舊傳麻衣道者授希夷先生，崇寧間廬山隱者李潛得之，凡四十二章，蓋依託也。朱侍講云：南康主簿戴師愈撰。乃不唧嚁底禪，不唧嚁底修養法，不唧嚁底時日法。王炎曰：洛水李壽翁侍郎喜論易，炎嘗問曰：『侍郎在當塗，板行麻衣新説如何？』李曰：『程沙隨見屬。』炎曰：『恐託名麻衣耳。以撲錢背面喻八卦，陰陽純駁，此鄙説也。以泉、雲、雨爲陽水，以澤爲陰水，與夫子不合。』李曰：『然。然亦有兩語佳。』炎曰：『豈非學者當於羲皇心地上馳騁，不當於周、孔脚跡下盤旋邪？然此二語亦非也。無周、孔之辭，則羲皇心地，學者何從探之。』李無語。」

按，是書託名麻衣，序、跋與書及注同出一手。其他踳駁之説無論，獨李壽翁所賞二語，貽誤學者不淺，然其言實出希夷。觀物外篇曰：「先天學，心法也。圖雖無文，吾終日言而未嘗離乎是。」亦即所謂「羲皇心地上馳騁，不於周、孔脚跡下盤旋」也。麻衣，小説家以爲即白閣僧相錢若水者，其人蓋孫君仿、麞皮處士之流。縱令是書真出麻衣，吾亦深惡而痛絶之，況戴師愈乎？

右論麻衣道者。

潛溪宋氏溟涬生贊序曰：「溟涬生者，盱江廖應淮海學也。抱負奇氣，好研摩運世推移及方技諸家學。年三十游杭，上疏言丁大全誤國狀，大全怒，中以法，配漢陽軍。生荷校行歌出都門，道旁觀者嘖嘖壯之。抵漢江濱，遇蜀道士杜可大，揖曰：『子非廖應淮邪？』生愕然，曰：『道士何自知之？』可大曰：『宇宙太虛，一塵耳。人生其間，爲塵幾何？是茫茫者尚了然心目間，矧吾子邪？然自邵堯夫以先天學授王豫天悅，天悅死，無所授，同葬玉枕中。未百年而吴曦叛，盜發其冢，得皇極經世體要一篇，内外觀象數十篇，余賄盜，得之，今餘五十年。數當授子，吾俟子亦久矣。』乃言於上官，脱其籍，盡教以冢中書。其算由聲音起，生神鑒穎利，可大指晝未到者，生已先意逆悟，可大自以爲不及。學既成，去隱宣歙間，遇余安裕弋陽，將教之。安裕勸生業中庸，生瞠目厲聲曰：『俗儒幾辱吾康節於地下矣。』復去之杭，客賀外史家，晝市大衍數，夜沽酒痛飲，飲即吐，吐即飲，不醉如泥不休。醉中嘗大叫曰：『天非宋天，地非宋地，奈何！奈何！』語聞賈似道，遣客叩之。生曰：『毋多言。浙水西地，髮白時，是其祥也。』似道未解，復召至，屏人與語。生曰：『明公宜自愛，不久宋鼎移矣。』似道惡其言，掩耳走。生亦徑出，過曾淵子家，索酒轟飲，酒酣，作嬰兒啼曰：『大厦將焚，燕猶呢喃未已邪。』復賦歌以見意。都人士聞之，競指以爲怪，民不與接，獨太學生熊晞聖猶時造其廬。生私執熊手，謂曰：『吾端居層樓，聞空中戎馬百萬來，人鬼作哭泣聲。壬申襄樊陷，甲戌宮車晏駕，乙亥長江飛渡，似道亦殛死臨漳，丙子三宮播遷，諸王大臣皆南北亂走，噓吸事耳。子不去，欲何爲？』居亡何，宋事日非，沿江州郡望風奔潰。生大慟曰：『殺氣又入閩、廣中，吾不知死所矣。』遂遁去。其言無一不驗。後四年，病死處州學中，年五十二。無子，一義女從之。生宗堯夫先天之學，頗自謂知易，每見諸易師傳疏，不問淺深，輒訕駁以爲樂。及論後天，則尊羲畫爲經，彖爻繫辭爲傳，黜文言、彖象二傳爲九師之言，且謂說卦非聖筆不能作，上下繫乃門人所述，序卦直漢儒記耳。蓋生聰明絕人，未聞道而驟語數，故其論經多失中。然性使酒難近，又好訐人陰私，人面頸發赤，不顧，罕有從其學者，唯國子簿吴浚、進士彭復樂師之。浚不卒業，復屢受唾斥不怨。生將遁時，召復至，口發例，手布籌，雖平昔所靳，若終身不示人者，一舉授復。復後又授鄱陽傅立云。或曰：生瀕死，語女曰：『吾死後一月，朝中命山姓鳥名使者來，徵吾及傅立，立當過吾門，汝可出藏書示之，立當以此致大官。』後皆如其言。所謂山姓鳥名，崔鵬飛也。生所著書有玄玄集、曆髓、星野指南、象滋統會、聲譜、畫前妙旨，數十萬言，今猶間傳於世。」贊不錄。

「余自幼即見長老談溟涬生事，近見李淦性學及戚光子實所造文，又知生爲詳。以生之精藝如此，而修宋史者不列之方技傳中，殊可恨也。故予愍之，特序之，又傷易道之微，激而贊之。惜乎！予文蕪陋，不能永生也，然余情亦至矣！濂志。」

按，程可久云：「易以道義，配禍福，得正而斃則吉，詭遇獲禽則凶。此千古格言也。」嚴君平精於卜筮，「與人子言依於孝，與人臣言依於忠」，猶不失開物成務之意。管輅善言易，亦嘗以謙、壯諷何晏，請上追文王六爻之旨，下思尼父象、象之義，未嘗近舍周、孔，遠宗羲畫也。自先天之學興，而易道之蓁蕪甚矣。廖應淮自謂得康節真傳，而其所談者唯禍福，無一字及於道義，罔知忌諱，屢觸危機，其不爲京房、郭璞，特幸而免耳。驗之最大者，莫如宋亡，而究竟分毫無補，亦安用前知爲也？余安裕勸讀中庸，蓋以索隱行怪，聖人之所不爲，而無道不默，亦非明哲保身之事，故微辭以規之，而應淮不自覺寤，詆爲俗儒。其於易也，訕侮程、張，卑視周、孔，二篇獨尊羲畫，十翼專取說卦，鄙倍之論，全無忌憚，豈僅失中而已邪？世俗溺於所聞，爭言象數，黄口小兒，人人欲爲邵子，而二篇、十翼東之高閣，邪說横行，聖真滅息矣。雖曰末流之極弊，抑先天心法之傳有以導之使然也。其後劉秉忠、李俊民等，專治皇極經世數，而顧以易鳴，唯資中黄澤楚望，謂當因孔子之言，上求文王、周公之意，可謂粹然一出於正。然非屏棄九圖，則黄霧不披，青天白日終不可得而見也。

右論溟涬生。

王氏弼周易略例明象篇曰：「夫象者，出意者也。言者，明象者也。盡意莫若象，盡象莫若言。言生於象，故可尋言以觀象。象生於意，故可尋象以觀意。意以象盡，象以言著。故言者所以明象，得象而忘言；象者所以存意，得意而忘象。猶蹄者所以在兔，得兔而忘蹄；筌者所以在魚，得魚而忘筌也。然則言者象之蹄也，象者意之筌也。是故存言者，非得象者也；存象者，非得意者也。象生於意而存象焉，則所存者乃非其象也；所存者在意。言生於象而存言焉，則所存者乃非其言也。所存者在象。然則忘象者，乃得意者也；忘言者，乃得象者也。得意在忘象，得象在忘言。故立象以盡意，而象可忘；重畫以盡情，而畫可忘也。盡和同之意，忘其天火之象。得同志之心，拔茅之畫可棄。是故觸類可爲其象，合義可爲其徵。義苟在健，何必馬乎？類苟在順，何必牛乎？大壯九三有乾，亦云羝羊，坤卦无乾，象亦云牝馬。爻苟合順，何必坤乃爲牛？義苟應健，何必乾乃爲馬？遯无坤，六三亦稱牛〔一〕；明夷无乾，六二亦稱馬。而或者定馬於乾，案文責卦，有馬无乾，則僞說滋漫，難可紀矣。互體不足，遂及卦變，變又不足，推致五行。一失其原，巧愈彌甚。縱復或值，而義无所取。蓋存象忘意之由也。失魚兔則空守筌蹄，遺健順則空說龍馬。忘象以求其意，義斯見矣。」

〔一〕各本皆作「六三」，然據周易本文，當作「六二」。遯六二曰：「執之用黄牛之革。」

陵陽李氏心傳丙子學易編曰：「自周之衰，言易者寖失羲、文之意，而牽合破碎，或反資以爲亂，故夫子作十翼，專以義理明之。其後讖緯之學興，而飛伏、互體之文，壬、遁、九宫之説，紛紛然並出，皆託易以行世。至王輔嗣乃獨辭而闢之，其視兩漢諸儒可謂賢矣，惜其溺於時好，乃取莊、老之妄，以亂周、孔之實，故易之道終不明於世。」

按，王氏筌蹄之喻雖出於莊子，而其義不同。其所謂忘言忘象者，亦謂學易者觀象玩辭，期於自得，久之當有所融釋脱落耳，非若爲先天之學者，欲盡棄周、孔之言，專於羲皇心地上馳騁也。即其卦爻之解，間有涉於虚無者，亦皆莊、老之微旨，與坎離龍虎之説，精觕相去遠矣。故伊川教人且看王輔嗣、胡翼之、王介甫三家易，以其所主在義理，不爲百家衆技所惑也。宋人奉陳、邵爲伏羲，而顧斥輔嗣爲莊、老，吾不知其何説矣。

程子易傳序曰：「易，變易也，隨時變易以從道也。其爲書也，廣大悉備，將以順性命之理，通幽明之故，盡事物之情，而示開物成務之道也。聖人之憂患後世，可謂至矣。去古雖遠，遺經尚存。然而前儒失意以傳言，後學誦言而忘味，自秦而下，蓋無傳矣。予生千載之後，悼斯文之湮晦，將俾後人沿流而求源，此傳所以作也。『易有聖人之道四焉，以言者尚其辭，以動者尚其變，以制器者尚其象，以卜筮者尚其占。』吉凶消長之理，進退存亡之道，備於辭。推辭考卦，可以知變，象占在其中矣。『君子居則觀其象而玩其辭，動則觀其變而玩其占。』得於辭不達其意者有矣，未有不得於辭而能通其意者也。至微者理也，至著者象也。體用一源，顯微无間。觀會通以行其典禮，則辭无所不備。故善學者，求言必自近。易於近者，非知言者也。予所傳者辭也，由辭以得其意，則在乎人焉。」

遺書：「張閎中以書問易之義本起於數。程子答曰：『謂義起數則非也。有理而後有象，有象而後有數。易因象以知數，得其義則象數在其中矣。必欲窮象之隱微，盡數之毫忽，乃尋流逐末，術家所尚，非儒者之務也，管輅、郭璞之學是已。』又曰：『理，無形也，故因象以明理。理，見乎辭者也，則可由辭以觀象。故曰：得其義則象數在其中矣。』」朱子曰：「自秦、漢以來，攷象辭者泥於術數，而不得其弘通簡易之法；談義理者淪於空寂，而不適乎仁義中正之歸。求其因時立教以承三聖，不同於法而同於道者，則惟伊川先生程氏之書而已。後之君子誠能日取其一卦若一爻者，熟復而深玩之，如己〔一〕有疑將決於筮而得之者，虛心端意，推之於事而反之於身，以求其所以處此之實，則於吉凶消長之理，進退存亡之道，將無所求而不得，邇之事父，遠之事君，亦無處而不

〔一〕「己」原作「已」，據經解本及朱文公文集書伊川先生易傳板後原文改。

當矣。」

鄱陽馬氏端臨曰：「按，伊川之易精於義理，而略於卜筮象數，此固先儒之説。然愚嘗以爲易之象數卜筮，豈出於義理之外？蓋有此理則有此象有此數。而卜筮之説，其所謂趨吉避凶、惠迪從逆云者，又未嘗不一出於義理。平時本諸踐履，則觀象玩辭，此義理也，一旦謀及卜筮，則觀變玩占，亦此義理也，初不必岐而二之。」

項氏周易玩辭自序曰：「『君子居則觀其象而玩其辭，動則觀其變而玩其占。』讀易之法盡於此矣。易之道四，其實則二，象與辭是也。變則象之進退也，占則辭之吉凶也。不識其象，何以知其變；不通其辭，何以決其占。然而聖人因象以措辭，後學因辭而測象。則今之讀易所當反覆紬繹、精思而深味者，莫辭若也。於是作周易玩辭。」

又曰：「程子平生所著，獨易傳爲全書，安世受而讀之三十年矣。今以其所得於易傳者，述爲此書，而其文无與易傳合者，合則无用述此書矣。世之友朋以易傳之理觀吾書，本末條貫无一不本於易傳者；以易傳之文觀吾書，則未免有使西河之民疑汝於夫子之怒。知我者此書也，罪我者此書也。」

鄱陽馬氏周易玩辭序曰：「易有聖人之道四，變與象居其二焉。自義理之學大明，而變象之説幾晦。先儒欲救其弊，則曰：聖人當時自可別作一書，明言義理以詔後世，何用假託卦爻，爲此艱深隱晦之辭乎？愚嘗以爲，變之說不一，有隨時之變，如彖、象、小象、文言、繫辭，各自一義是也；有逐爻之變，如九六七八、陰陽老少是也；有逐卦之變，如剛柔往來、互體、飛伏是也。象之說亦不一，有卦畫之象，陰陽、奇耦、三連六斷是也；有大象之象，天地、風雷、山澤、水火是也；有說卦之象，乾爲馬、坤爲牛、乾爲首、坤爲腹之類是也。至簡要者，隨時之變也。至支離者，逐卦之變也。至精微者，卦畫之象也；至瑣碎者，說卦之象也。必研究其簡要精微者，而不拘泥其支離瑣碎者，則曰象曰變。固無非精義至理之所寄也，豈有二哉！」

按，象、辭、變、占四者，說易之綱領也。伊川歸重於辭，平菴因之，愚則謂辭本乎象，象尤不可忽。故夫子曰：「聖人立象以盡意，繫辭焉以盡其言。」又曰：「八卦以象告，爻彖以情言。」象者，二體六爻之畫是也，而王輔嗣以乾牛、坤馬之類當之。朱子謂：「如『初九潛龍勿用』一辭中，四者俱備，初九變也，潛龍象也，勿用占也。」愚則謂：「潛龍」、「牝馬」等語，若詩之比興，總謂之辭，非夫子之所謂象。平菴云：「凡卦辭皆曰彖，凡卦畫皆曰象，未畫則其象隱，已畫則其象著，故指畫爲象，非謂物象也。大象總論六畫之義，小象各論一畫之義，故皆謂之象。其曰天曰龍者，自因有象之後，推引物類以明之耳。本稱易象，非此之謂也。」斯言可以正諸儒之失。未筮謂之辭，筮得其辭謂之占，亦非但「勿用」二字爲占也。

京山郝氏敬談經曰：「羲畫始呈，玄旨苞絡，如夜半子陽初動，晨光未熹，夏商之易不可覩矣。然使其無憾，文王必不更演易。至文王、周公，抽厥玄緒，但其辭旨深約，如平旦昧爽，曲房晏起，尚未知曙。迨夫子十翼贊揚，幽隱畢達，揭日月而行康莊，大明中天矣。旋罹秦火，六籍散越，而易獨存，後生捧完璧，誠斯文大幸！奈何更生異端，稂莠其真苗，磔裂其同體，妄謂羲聖有不傳之祕，使緯稗蠭起，詆夫子十翼爲一家言，離經叛道，莫此爲甚。」

「近時博士家承邵、朱之説，謂三聖不同易，病分經合傳之非古，歸咎王弼，此不能三年之喪而緦小功之察也。夫謂經傳不可合者，以書同而道異，言同而人異，如春秋諸傳於經，則誠未可合也。羲、文、周、孔奚不合之有？由孔子視三聖爲古，自視爲傳；由今視四聖，則皆古也，皆經也。孔子何遂不如左、公、穀傳春秋？世儒不病左、公、穀合春秋，而病十翼合易，以伸四聖不同易之説，謬也。」

「邵堯夫造爲先天方圓等圖，好事詫爲新奇，修鍊羽流，緣飾龍虎、鉛汞、姹女、嬰兒，爲參同、悟真等書，乍見奇僻，叩之不過存神馭氣，以求長生，而珍祕自喜，援易爲口實。聖人作易，易簡開物，患人不知；而小説誣世，唯恐人知，心術已冰炭矣。禮云：『假鬼神時日卜筮疑衆者殺。』學者反尊崇其説。甚矣，人之好怪也！」

學易枝言曰：「羲聖世無文字，三才義理無憑發揮，爰始畫卦設象，不得已也。設有文字，便敷演成辭，豈好爲隱乎？揚雄識字既多，而索隱鉤藏，別構方州部家，爲玄擬易，則心勞而日拙矣。」

「易爻辭象，義誠有不可盡解者。前人不傳，後人何述？要之，精微中之易簡，愚不肖可知；易簡中之精微，聰明才辯者未悉。如管公明、郭景純，卜筮焉，可謂之非易，然亦四道之一端耳。子云：『知之爲知之，不知爲不知。』三才之要，人所當知者。王輔嗣、程正叔諸君子所言，不可勝用矣。」

「聖人作易，立人之道而已；學易者，亦學爲立人之道而已。」又曰：「朱元晦謂：『孔子之易，非文王、周公之易。』愚謂：孔子贊易祇爲立人之道，學者日用切要而言，誠有之；但聖人説理，發揮人道，即函蓋三才萬象，無不脗合，與羲、文、周公無二。」

按，莊生曰：「易以道陰陽。」此非周之言，而古之言也。蓋古者三易之法掌於太卜，一曰連山，二曰歸藏，三曰周易。其經卦皆八，其別皆六十有四。非但彖爻之辭自爲一書，即如春秋内外傳所載諸繇辭，亦不得與焉。其所見者，唯二體六畫，剛柔雜居之象，以爲道陰陽，宜也。至於文王繫彖，周公繫爻，則固以陰陽推之於人事，而所言無非仁義中正之歸矣。孔子作十翼，則又發彖爻之藴，竭盡而無餘焉。聖人之所以窮理而盡性，君子之所以反身而寡過，皆在此書，奚止道陰陽哉！微三聖之辭，則伏羲作易之旨鬱而不明，萬古如長夜矣。而顧謂三聖不如伏羲，何歟？且夫三才之道，在天曰陰陽，在地曰柔剛〔一〕，在人曰仁義，其爲性命之理則一也。洪範由天道以推之人道，中庸由人道以合之天道，蓋天人之理未有不歸於一致者也。三聖所重在人道，而天地之道亦無不備焉。伏羲時未有文字，不得已而畫奇耦以垂教。陰陽可以畫見，而仁義不可以畫見，故説者但以爲道陰陽，而不知伏羲之旨專在立人之道也。苟其有文字，則亦必言及仁義矣。伏羲而無言也，伏羲而有言，安知不與三聖同辭乎？老、莊之徒掊擊仁義，故厭薄周、孔之辭，以爲不足道；儒者不能辭而闢之，反爲之推波助瀾，尊伏羲不言之教，抑三聖闡幽之辭，豈不悖哉？仲輿解經，多所創獲，而尤不喜宋儒，愚未敢深信，獨論易數，則最爲精確。其曰：「聖人作易，立人之道而已。」此語大有裨於來學，故特表而出之，且爲之暢其指趣焉。

東涯陳氏言易疑自序曰：「易非聖人卜筮之書也，卜筮以聖人之書爾。伏羲畫卦，原

〔一〕「柔剛」，原作「剛柔」，據經解本改。

神於太乙，起數於陰陽，類象於萬物，通幽於神明，和順於道德性命，無乎弗括；文王於卦爲之辭，以明其象類；周公於爻爲之辭，以盡其變化；孔子於卦爻爲之彖、象、文言、繫辭、說、序、雜卦，以闡羲、文、周公之義理，使學者修此而吉，悖此而凶，淵乎廣矣，而非作之以卜筮也。子曰：『易有聖人之道四焉』，辭、象、變、占是也。孔子見卦爻之有辭、象、變、占，言焉而廣大，動焉而吉凶，制器焉而網罟、舟楫之用，卜筮焉而神物大衍之策，斯偏舉之矣，而未嘗專於卜筮也。夫易何止五經之原，天地神化之奧，而於卜筮之技精之，則末矣。秦、漢諸儒考象辭則泥術數，論義理則淪空寂，而不知孔子之易先義理而託象數者也。蓋體其卦爻之蘊，察乎辭、象、變、占之理，通乎言、動、制器、卜筮之用，用之所向即理也，理之所協即占也，占之所利即用也。是孔子之易也，而非專於卜筮明矣。是故學者索卜筮於卦爻之外，參程傳於本義之中，斯孔子之易備矣。作易疑。」

朱氏綬易經精蘊自序曰：「周子曰：『聖人之精，畫卦以示；聖人之蘊，因卦以發。』其蘊維何？凡彖、象、文言、繫辭、說卦皆是。宋儒以周禮言『大卜掌三易』，故專作卜筮之書，歷詆大聖理義之言，不少假借。愚於此大懼，深求其病，只在『太卜掌三易』之一言耳。不知易有理、有象、有數，理即蘊之發，象即精之寓，數因一以積。畫卦示象之吉凶，繫辭論理之吉凶。數之吉凶未之明，故立筮人掌三易，以辨九筮之吉凶也。觀象玩辭，聖人體易，君子學易，以成盛德大業，至矣。」庸人不能，故立占人、筮人，七八九六，揲蓍求卦，不過筮更筮咸，尤細事耳。易無不該，天地有此數，不立筮法以成變化，則天地間缺此一藝，非謂易道、易象舉在此筮，專作卜筮之書也。夫子欲加年學易，期無大過，豈在占筮乎？況占筮專於動而不主於靜，一於用而不由〔一〕於體，求諸神而不求諸己，失無算矣。使一委之卜筮，而平日無玩易之功，遇吉行之而已，遇凶避之而已，君子將何以自彊不息？將何以厚德載物？學者無用辨悔吝之介，無用震无咎之悔，六十四卦訓戒之言，皆作虛文矣。洪惟聖朝用易爲首經取士，而只在占筮授受，豈不誤甚？無由挽之回車就道，徒抱憤耳。自知得罪於先儒，取譏當世，獨賴聖人爲之依歸，用以自解云。」

二泉邵氏寶序精蘊曰：「易爲性命道德之原，而開物成務，仲尼贊之詳矣。惟其道無不備，故百氏宗之。卜筮者，技之至微者也。自朱子本義一出，學者翕然從之。夫方術談於庸醫，聽者不能什一，惟夫和扁一言，雖或盡變軒岐之書，人將謂其有據也。朱子名冠諸儒，道行今古，誠吾儒之和扁矣。專主卜筮之説，疇不謂其有據乎哉？庠序以之而教人，科目因之而取士，習尚成風，安固而不摇矣。嗚呼！此文佩朱公所以深懼，而精蘊之書不容

〔一〕「由」，原作「求」，據經解本、粵雅堂本改。

於不作也。書凡二十四卷，一以孔子義理之言爲主，按卦推辭，隨文悉義，一覽之間而四聖之心昭然在目，其有功於斯道也大矣。雖然，本義無心於晦道，精蘊豈有心於矯弊哉？一念所主，而得失因之。紫陽有知，必將感其救正之功也。君曰有罪，夫豈然哉！」

都氏穆序精蘊曰：「客有問穆者曰：『易有卜筮之道乎？』穆曰：『然。』『主卜筮而作乎？』曰：『否。請以水喻。崑崙上源發而爲江、漢、河、淮，以迨溝、澗、溪、渠，皆水也。居溪者曰：水以溪而生也；濱澗者曰：水以澗而出也。舉一廢百，知水不亦淺乎？孔子曰：假我數年，卒以學易，可以無大過矣。夫以大成之聖，欲學易以免過，易之道可知矣。豈卜筮所可盡哉？』」

顧氏日知録：「舜曰：『官占惟先蔽志，昆命于元龜。』詩云：『爰始爰謀，爰契我龜。』洪範曰：『謀及乃心，謀及卿士，謀及庶人，謀及卜筮。』孔子之贊易也，亦曰『人謀』『鬼謀』。祖伊告紂言「格人元龜」，亦先人後龜。夫庶人至賤也，而猶在蓍龜之前，故盡人之明而不能決，然後謀之鬼焉。故古人之於人事信而有功，於鬼也嚴而不瀆。」

「子之必孝，臣之必忠，此不待卜而可知也，其所當爲，雖凶而不可避也。故曰：『欲從靈氛之吉占兮，心猶豫而狐疑。』又曰：『用君之心，行君之意，龜策誠不能知此事。』善哉屈子之言，其聖人之徒歟。」

「卜居屈原自作，設爲問答，以見此心非鬼神吉凶之所得而移耳。王逸序乃曰：『心迷意惑，不知所爲，往之太卜之家，決之蓍龜，冀聞異策，以定嫌疑。』則與屈子之旨大相背戾矣。洪興祖補注曰：『此篇上句皆原所從，下句皆原所去，時之人去其所當從，從其所當去，其所謂吉乃原所謂凶也。』可謂得屈子之心者矣。」

「禮記少儀：『問卜筮，曰：義與，志與？義則可問，志則否。』子孝臣忠，義也；違害就利，志也。卜筮者，先王所以教人去利懷仁義也。」

「石駘仲卒，無適子，有庶子六人，卜所以爲後者，曰：沐浴佩玉則兆。五人者皆沐浴佩玉。石祁子曰：『孰有執親之喪而沐浴佩玉者乎？』不沐浴佩玉。石祁子兆，衛人以龜爲有知也。南蒯將叛，枚筮之，遇坤之比，曰：『黄裳元吉。』子服惠伯曰：『忠信之事則可，不然必敗。外彊内温，忠也；和以率貞，信也。故曰黄裳元吉。黄，中之色也；裳，下之飾也；元，善之長也。中不忠，不得其色；下不共，不得其飾；事不善，不得其極。且夫易不可以占險，猶有闕也，筮雖吉，未也。』南蒯果敗。是以嚴君平之卜筮也，『與人子言依於孝，與人弟言依於順，與人臣言依於忠』；而高允亦有『筮者當依附爻象，勸以忠孝』之論，其知卜筮之旨矣。」

申鑒：後漢荀悦撰。「或問卜筮，曰：『德斯益，否斯損。』曰：『何謂也？』『吉而濟凶而救之，謂德；吉而恃凶而怠之，謂損。』」「君子將有爲也，將有行也，問焉而以言，其受命也如嚮。」告其爲也，告其行也。「死生有命，富貴在天。」若是則無可爲也，無可行也。不當問，問亦不告也。易以前民用也，非以爲人前知也。求前知，非聖人之道也，是以少儀之訓曰：「毋測未至。」郭璞嘗過顏含，欲爲之筮。含曰：「年在天，位在人。修己而天不與者，命也；守道而人不知者，性也。自有性命，無勞蓍龜。」文中子：「子謂北山黃公善醫，先寢食而後鍼藥；汾陰侯生善筮，先人事而後說卦。」金史方伎傳序曰：「古之爲術，以吉凶導人而爲善；後世術者，或以休咎導人而爲不善。」

易爲卜筮之書，與醫藥種樹並稱，秦人之見也。然其說亦有所自來。古者太卜所掌，唯夏、商以來相傳之繇辭，如左氏之所載者，而文王、周公易象之書，則藏於周魯之太史氏。故陳厲公時，周史始有以周易見陳侯者，陳侯使筮之，而有觀六四之占。及昭公二年，韓宣子來聘，觀書於太史氏，始見易象與魯春秋。可見，易象之書他國不皆有。孔子十翼則作於晚年，而傳之商瞿子木，尚未流行於世，杜預曰：「汲縣有發舊冢者，得周易上下篇，與今正同，而無彖、象、文言、繫辭。」疑於時仲尼造之於魯，尚未播之於遠國也。秦僻在西垂，何由得見？李斯未必知，即知之，亦必不信，其以易爲卜筮之書，無足怪者，而儒者遂謂易專爲卜筮而作。夫伏羲既畫八卦，而即制蓍爲筮法，孔子贊易，亦以蓍龜爲神物，而深明其用。謂易爲卜筮之書，無甚礙。但謂伏羲作易專爲卜筮，而文王、周公、孔子却説出許多義理，非伏羲之本義，是則大可疑耳。夫義理必藉文字以傳，伏羲時書契未興，故立象以盡意。卦畫有形，而義理無形，有形者可見，而無形者不可見，然其意實在「立人之道曰仁與義」也。三聖遞相祖述，發揮仁義之旨，而伏羲之意乃大白於天下，安得謂「孔子之易非文王、周公之易，文王、周公之易非伏羲之易」乎？伏羲之易有畫無辭，農夫、紅女、百工、商賈皆得而用之者也。如後世楚巫打瓦，越人雞卜，雖無辭亦自有占法。若夫夏商以來之繇辭，及文王周公之彖爻，唯卜史能用之。至於孔子之十翼，則卜史亦不能知，唯士大夫好學深思者能知之耳。蓋易至孔子，而其道始爲「處憂患」、「無大過」之具，與詩、書、禮、樂同其切要，人倫日用所不可斯須去者，而非徒卜筮之書矣。幸而秦火不及，學者得見完書，上之可以窮理而盡性，下之可以反身而寡過。顧徒以農夫、紅女、百工、商賈不能用，而欲崇不言之教，視繫辭如糟粕，毋乃過爲高論，墮老、莊之環中而不覺也乎？且夫卜筮之事，非君子所常有也。善當爲，惡不可爲，乃心自明，何必筮？死生富貴，非人之所能爲，亦焉用筮？惟天下大事，人但能料其可否，而氣數推移有非鬼神不能知者，是之謂大疑。於是乎謀及乃心，謀及卿士、庶人，而復謀及卜筮焉，故曰：「人謀鬼謀，百姓與能。」然必其居也有觀象玩辭之學，而後其動也有觀變玩占之明。動，謂將有爲將有行。洪範曰：「龜筮共違於人，用靜吉，用作凶。」靜，即此所謂居；作，即此所謂動也。計一歲之中，居之時多，動之時少。及其動也，不疑之事什九，可疑之事什一，其大疑者又加少焉。君子之於卜筮，亦未嘗數數也。聖人豈專爲卜筮而著一書，使天下後世之人日日端策拂龜，聽命於鬼神，而不務民義也哉？亭林論卜筮十則，可以箴宋人之膏肓，余故備録之，而綴以管見如此。

日知録曰：「孔子論易，見於論語者，二章而已。曰：『假我數年，五十以學易，可以無大過矣。』曰：『南人有言曰：人而無恒，不可以作巫醫，善夫！不恒其德，或承之羞。子曰：不占而已矣。』是則聖人之所以學易者，不過庸言庸行之間，而不在乎圖書象數也。今之穿鑿圖象以自爲能者，畔也。」

「記者於夫子學易之言而即繼之曰：『子所雅言，詩、書執禮，皆雅言也。』是知夫子平日不言易，而其言『詩、書執禮』者，皆言易也。人苟循乎『詩、書執禮』之常而不越焉，則自天祐之，吉無不利〔一〕矣。故其作繫辭傳，於悔吝无咎之旨特諄諄焉。而大象所言，凡其體之於身，施之於政者，無非用易之事。然辭本乎象，故曰：『君子居則觀其象而玩其辭。』觀之者淺，玩之者深矣。其所以與民同患者，必於辭焉著之，故曰：『聖人之情見乎辭。』若『天一地二』、『易有太極』二章，皆言數之所起，亦贊易之所不可遺，而未嘗專以象數教人爲學也。是故『出入以度』，『无有師保，如臨父母』，文王、周公、孔子之易也。希夷之圖，康節之書，道家之易也。自二子之學興，而空疎之人、迂怪之士，舉竄迹於其中以爲易，而其易爲方術之書，於聖人寡過反身之學，去之遠矣。」

黄氏象數論序曰：「夫易者，範圍天地之書也。廣大無所不備，故九流百家之學，俱可竄入焉。自九流百家借之以行其說，而於易之本意反晦矣。漢儒林傳，孔子六傳至菑川田何，易道大興。吾不知田何之說何如也？降而焦、京，世應、飛伏、動爻、互體、五行、納甲之變，無不具者。吾讀李鼎祚易解，一時諸儒之說蕪穢康莊，使觀象玩占之理，盡入於淫瞽方技之流，可不悲夫！有魏王輔嗣出而注易，得意忘象，得象忘言；日時歲月，五氣相推，悉皆擯落，多所不關，庶幾潦水盡而寒潭清矣。顧論者謂其以老、莊解易，試讀其注，簡當

〔一〕「利」，四庫本作「到」，據經解本、粤雅堂本改。

而無浮義，何曾籠落玄旨？故能遠歷於唐，發爲正義，其廓清之功不可泯也。然而魏伯陽之參同契，陳希夷之圖書，遠有端緒。世之好奇者，卑王注之淡薄，未嘗不以別傳私之。逮伊川作易傳，收其昆侖旁薄者，散之於六十四卦中，理到語精，易道於是而大定矣。其時康節上接种放、穆修、李之才之傳，而創爲河圖先天之說，是亦不過一家之學耳。晦菴作本義，加之於開卷，讀易者從之。後世頒之學官，初猶兼易傳並行，久而止行本義，於是經生學士信以爲義、文、周、孔其道不同。所謂象數者，又語焉而不詳；將夫子之韋編三絶者，須求之賣醬箍桶之徒，而易學之榛蕪，蓋仍如京、焦之時矣。自科舉之學一定，世不敢復議，稍有出入其説者，即以穿鑿誣之。夫所謂穿鑿者，必其與聖經不合者也。摘發傳注之訛，復還經文之舊，不可謂之穿鑿也。河圖、洛書，歐陽子言其怪妄之尤甚者，且與漢儒異趣，不特不見於經，亦是不見於傳。先天之方位明與『出震』、『齊巽』之文相背，而晦翁反致疑於經文之卦位，生十六，生三十二，卦不成卦，爻不成爻，一切非經文所有，顧可謂之不穿鑿乎？晦翁曰：『談易者譬之燭籠，添得一條骨子，則障了一路光明，若能盡去其障，使之統體光明，豈不更好。』斯言是也。奈何添入康節之學，使之統體皆障乎？世儒過視象數，以爲絶學，故爲所欺。余一一疏通之，知其於易本了無干涉，而後反求之程傳，或亦廓清之一端也。」

按史，魏正始中，何晏、王弼等好老、莊書，祖尚虚無，以六經爲聖人之糟粕，天下士大夫慕效成風，迄江左而未艾。故范甯謂：「王、何之罪深於桀、紂。」今觀弼所注易，各依象爻以立解，間有涉於老、莊者，亦千百之一二，未嘗以文王、周公、孔子之辭爲不足貴，而糟粕視之也。獨爲先天學者，欲盡廢周、孔之言，而專從羲皇心地上尋求，是其罪更浮於王、何矣。儒者不之闢，而反助其狂瀾，以爲三聖人之易非即伏羲之易，何邪？亭林、梨洲之論，大有造於易學，故殿之篇末，以告天下之習非而不悟者。

右論學易正宗。

附録

胡渭傳

胡渭，初名渭生，字朏明，德清人。渭年十二而孤，母沈攜之避亂山谷間。十五爲縣學生，入太學，篤志經義，尤精輿地之學。嘗館大學士馮溥邸。尚書徐乾學奉詔修一統志，開局洞庭山，延常熟黄儀、顧祖禹，太原閻若璩及渭分纂。渭著禹貢錐指二十卷，圖四十七篇。謂漢唐二孔氏、宋蔡氏，於地理多疏舛。如三江當主鄭康成説；禹貢「達於河」，「河」當從説文作「菏」；「滎波既豬」當從鄭康成作「播」；梁州黑水與導川之黑水，不可溷爲一。乃博稽載籍，考其同異而折衷之。山川形勢，郡國分合，道里遠近夷險，一一討論詳明。又漢、唐以來，河道遷徙，爲民生國計所繫，故於導河一章，備考決溢改流之跡。留心經濟，異於迂儒不通時務。間有千慮一失，則不屑闕疑之過。

又撰易圖明辨十卷，專爲辨定圖、書而作。初，陳摶推闡易理，衍爲諸圖，其圖本準易而生，故以卦爻反覆研求，無不符合。傳者務神其説，遂歸其圖於伏羲，謂易反由圖而作。又因繫辭「河圖」、「洛書」

之文，取大衍算數作五十五點之圖，以當河圖；取乾鑿度太乙行九宫法造四十五點之圖，以當洛書；其陰陽奇偶，亦一一與易相應。傳者益神其說，又真以爲龍馬神龜之所負，謂伏羲由此而有先天之圖。實則唐以前書絶無一字符驗，而突出於北宋之初。由邵子以及朱子，亦但取其數之巧合，而未暇究其太古以來從誰授受，故易學啓蒙、易本義前九圖皆沿其說。同時袁樞、薛季宣皆有異論，然宋史儒林傳：易學啓蒙朱子本囑蔡元定創藁，非朱子自撰。晦菴大全集載答劉君房書曰：「啓蒙本欲學者且就大傳所言卦畫蓍數推尋，不須過爲浮說。而自今觀之，如河圖、洛書，亦不免尚有賸語。」至於本義卷首九圖，爲門人所依附，朱子當日未嘗堅主其說。元陳應潤作爻變義藴，始指諸圖爲道家假借。吴澄、歸有光諸人亦相繼排擊，毛奇齡、黄宗羲爭之尤力。然皆各據所見抵其罅隙，尚未能窮溯本末，一一抉所自來。渭則於河圖、洛書，五行、九宫，參同、先天、太極，龍圖，易數鉤隱圖，啓蒙圖、書，先天、後天、卦變、象數流弊，皆引據舊文，互相參證，以箝依托之口。使學者知圖、書之說，乃修鍊、術數二家旁分易學之支流，非作易之根柢，視禹貢錐指尤爲有功經學。

又撰洪範正論五卷，謂漢人專取災祥，推衍五行，穿鑿附會，事同讖緯，亂彝倫攸叙之經，其害一；洛書本文具在洪範，非龜文，宋儒創爲黑白之點，方員之體，九十之位，變書爲圖，以至九數十數，劉牧、蔡季通紛紜更定，其害二；洪範元無錯簡，王柏、胡一中等任意改竄，其害三。渭又撰大學翼真七卷，大旨以朱子爲主，僅謂格致一章不必補傳，力闢王學改本之誤。所見切實，視泛爲性命理氣之談者，勝之遠矣。

渭經術湛深，學有根柢，故所論一軌於正。漢儒傅會之談，宋儒變亂之論，掃而除焉。康熙四十三年，聖祖南巡，渭以禹貢錐指獻行在，聖祖嘉獎，御書「耆年篤學」四大字賜之，儒者咸以爲榮。五十三年，卒，年八十有二。

（録自清史稿卷四百八十一）

提要

易圖明辨十卷，國朝胡渭撰。渭原名渭生，字朏明，號東樵，德清人。是書專爲辨定圖、書而作。初陳摶推闡易理，衍爲諸圖，其圖本準易而生，故以卦爻反覆研求無不符合。傳者務神其說，遂歸其圖於伏羲，謂易反由圖而作。又因繫詞「河圖」、「洛書」之文，取大衍算數作五十五點之圖，以當河圖；取乾鑿度太乙九宮法造四十五點之圖，以當洛書。其陰陽奇偶，亦一一與易相應。傳者益神其說，又真以爲龍馬神龜之所負，謂伏羲由此而有先天之圖。實則唐以前書絕無一字之符驗，而突出于北宋之初。夫測中星而造儀器，以驗中星無不合，然不可謂中星生于儀器也；候交食而作算經，以驗交食無不合，然不可謂交食生於算經也。由邵子以及朱子，亦但取其數之巧合，而未暇究其太古以來從誰授受，故易學啓蒙及易本義前九圖皆沿其說。同時袁樞、薛季宣皆有異論。然考宋史儒林傳：易學啓蒙朱子本屬蔡元定創稿，非所自撰。晦菴大全集中載答劉君房書曰：「啟蒙本欲學者且就大傳所言卦畫蓍數推尋，不須過爲浮説。而自今觀之，如河圖、洛書亦不免尚有剩語。」至於本義卷首九圖，王懋竑白田襍著以文集、語類鉤稽參考，多相矛盾，信其爲門人所依附，其説尤明。則朱子當日亦未嘗堅主其説也。元陳應潤作爻變易藴，始指先天諸圖爲道家假借易理以爲修煉之術，吴澄、歸有光諸人亦相繼排擊，各有論述。

國朝毛奇齡作圖書原舛編，黄宗羲作易學象數論，黄宗炎作圖書辨惑，爭之尤力，然皆各據所見，抵其罅隙，尚未能窮溯本末，一一抉所自來。渭此書卷一辨河圖、洛書，卷二辨五行、九宫，卷三辨周易參同、先天太極，卷四辨龍圖、易數鉤隱圖，卷五辨啟蒙圖書，卷六、卷七辨先天古易，卷八辨後天之學，卷九辨卦變，卷十辨象數流弊，皆引據舊文，互相參證，以箝依托者之口。使學者知圖、書之説雖言之有故，執之成理，乃修煉、術數二家旁分易學之支流，而非作易之根柢。視所作禹貢錐指，尤爲有功於經學矣。乾隆四十六年二月恭校上。

（録自文淵閣四庫全書）

序

萬斯同易圖明辨序

予初讀易，惟知朱子本義而已。年垂三十，始集漢、魏以後諸家傳注，與里中同志者講習，乃頗涉其津涯。因歎朱子篤信邵子之過，而本義卷首之九圖爲可已也。友人德清胡朏明先生精於易學，庚辰仲夏示予以易圖明辨十卷，則本義之九圖咸爲駁正，而謂朱子不當冠於篇首。予讀之大喜，躍然曰：「至哉言乎！何其先得我心乎？」予嘗謂河圖、洛書、先天、後天、羲文八卦、六十四卦方圓諸圖，乃邵子一家之學，以此爲邵子之易則可，直以此爲羲、文之易則大不可。乃朱子恪遵之，反若羲、文作易本此諸圖，不亦異乎？夫「河圖」見於顧命、繫辭、論語，古固有之，而後世亡之矣。今之自一至十之圖，本出陳希夷，古人未嘗語及，非真「河圖」也。戴九履一之圖，今之所謂洛書者，見於後漢書張衡傳及緯書乾鑿度，乃太乙下行九宫圖，非洛書也。後世術家配以一白二黑之數，至今遵用不變，豈果真洛書乎？卦止有出震齊巽之位，乃孔子之所繫，而文王、周公之遺法也。安得有先天〔一〕之位？此誰言之，而誰傳之？「天地定位」一節，不過言八卦之相錯耳，何曾有東西南北之説，而欲以是爲先天卦位乎？此不特「先天」二字可去，即「後天」二字亦必不可存。蓋卦位止一而無二，不得妄爲穿鑿也。八卦之序自當以父母六子爲次，孔子繫辭屢言之，乃舍此不遵，以乾、兑、離、震、巽、坎、艮、坤爲次，此何理乎？太極生兩儀，兩儀生四象，四象生八卦，固出於繫辭，而實非生卦之謂也。乾、坤生六子，其理顯然，而坤可置於最末乎？三男三女可錯亂而無序乎？易但有三畫之卦，重之則爲六畫，未嘗有二畫、四畫、五畫之卦也；但有八卦、六十四卦，未聞八卦重爲十六，十

〔一〕「天」，原作「之」，據粤雅堂本改。

六重爲三十二，三十二始重爲六十四也。必曰「一每生二，以次而加」，試問易中曾有是說乎？至於卦變，惟程、蘇二家爲可信，古人十辟之說，予猶不敢從。若朱子之本義益爲支離，況與啟蒙之言不合，一人而持兩說，令學者何所適從，此予必不敢附會者也。凡此諸說，間與友人言之，或然或不然。讀先生此書，一一爲之剖析，洵大暢予懷。而其採集之博，論難之正，即令予再讀書十年，必不能到。何先生之學大而能精如此？以此播於人間，易首之九圖即從此永廢可也。

四明同學弟萬斯同纂。

（録自經解續編易圖明辨卷首）

阮元易圖明辨序

元幼學易，心疑先後天諸圖之說。庚子，得毛西河先生全集中河圖洛書原舛篇讀之，豁然得其原委。友人歙凌次仲廷堪謂元曰：「子知西河之辨易，未見德清胐明先生易圖明辨，尤詳備也。」元識之，求其書，不可得。繼在京師，見四庫館書目録之，曰其書一卷辨河圖、洛書，二卷辨五行、九宮，三卷辨參同契、先天圖、太極圖，四卷辨龍圖、易數鉤隱圖，五卷辨啓蒙圖書〔一〕，六卷、七卷辨先天古易，八卷辨後

〔一〕「書」，原作「表」，據易圖明辨改。

天之學，九卷辨卦變，十卷辨象數流弊，並引據經典，原原本本，於易學深爲有功。元鄉注益切。丙辰，視學至吳興，始求得讀之，蓋距昔已十六年矣。愧聞道之甚遲，喜斯篇之未泯，亟命其家修板刷印，廣爲流傳，以貽學者。因並識其事於篇首。至其圖辨大略，則萬季野先生序言之已盡，茲不贅論。

嘉慶元年八月二十八日，浙江督學使者內閣學士兼禮部侍郎儀徵後學阮元謹序

（録自粤雅堂叢書易圖明辨卷首）

跋

伍崇曜易圖明辨跋

易圖明辨十卷，國朝胡渭撰。按，渭原名渭生，字朏明，一字東樵，德清人。事蹟、著撰具見江鄭堂漢學師承記，稱先生嘗謂「詩、書、禮、春秋皆不可無圖，惟易無所用圖，六十四卦二體六爻之畫，即圖也。八卦之次序方位，乾坤三索、出震齊巽二章盡之矣，安得有先、後天之別哉！河圖之象，自古無傳，何從擬議？洛書之文，見於洪範，五行九宮，初不爲易而設，乃作是書」云云。又云「洪範古聖所傳，如日月之麗天，有目所共覩，而間有晦盲否塞者，先儒曲說爲之害也。漢儒五行傳專主災異，以瞽史矯誣之說亂彝倫攸叙之經，其害一也。洛書之本文，具在洪範，宋儒創爲黑白之點，方圓之體，九、十之位，書也而變

爲圖矣。且謂洪範之理通於易，劉牧以九爲河圖，十爲洛書，蔡元定兩易其名，其害二也。洪範原無錯簡，而宋儒任意改竄，移庶徵『王省惟歲』以下爲五紀之傳，移皇極〔一〕『斂時五福』至『作汝用咎』及三德『惟辟作福』以下，並爲五福六極之傳，其害三也。作洪範正論五卷」，云云。其言有足與是書相發明者。先生篤志經學，著述甚夥，所撰禹貢錐指一書，曾呈聖祖御覽，賜「耆年篤學」扁，稽古之榮，至今藝稱之。顧四庫提要著録是書，與阮文達國朝儒林傳稿，均稱視禹貢錐指尤爲有功經學，則其推崇也至矣。

咸豐壬子冬至前一日，南海伍崇曜謹跋。

（録自粵雅堂叢書易圖明辨卷末）

〔一〕原無「極」字，據洪範文義補。